Hendrik Heidler

DIE DREI KREISE DES LEBENS

TraumzeitPraxis

Individuell und systemfrei
mit Pflanzenkräften
neu geboren
werden
!

Energetisch mit Pflanzen heilen

Hinschauen – Bereitschaft – Träumen

Aus dem Erzgebirgischen ins Deutsche übertragen
von Susann Heidler

Für Elisabeth – „meine gruße Maad"

Hinweis

Die in diesem Buch wiedergegebenen Informationen sind nach bestem Wissen und Gewissen dargestellt und wurden mit größtmöglicher Sorgfalt geprüft. Da sie im Bedarfsfalle den individuellen und fachkundigen Rat nicht ersetzen, sondern lediglich Anregung sein können, ist es erforderlich, sich an den Arzt, Heilpraktiker oder Heiler des Vertrauens zu wenden. Autor und Verlag übernehmen keinerlei Haftung für Schäden oder Folgen, die sich aus dem Gebrauch oder Missbrauch der hier vorgestellten Informationen ergeben.

Über den Autor

Hendrik Heidler ist ein staunender Träumer, ein Freund des Scheibenberger Zwergenkönigs Oronomassan. Er liebt gute Geschichten weil er weiß, wie heilsam sie sein können. Seit 2008 in eigener Praxis tätig und mit seiner Familie im Erzgebirge, gleich an seinem Zauberberg lebend. Als Vater von wundervollen Kindern übt er gern das Erzählen wirklich wahrer Geschichten. Der Diplom-Ingenieur für industrielle Elektronik gab 2005 sein Grafikunternehmen auf und machte sich auf die Suche nach sich selbst. Der sich daraus ergebende Weg atemberaubender Entdeckungen führte ihn zu seiner Tätigkeit als schamanisch-energetischer Heiler, zu seinen Freunden vom „Grünen Volke", zu selbst verfassten Büchern und neben vielem anderen auch wieder zum Stellen kritischer Fragen.

2. Auflage, 2020
Copyright © 2017 Hendrik Heidler, Scheibenberg

Bibliografische Information der Deutschen Nationalbibliothek: Die Deutsche Nationalbibliothek verzeichnet diese Publikation in der Deutschen Nationalbibliografie; detaillierte bibliografische Daten sind im Internet über www.dnb.de abrufbar.

Gestaltung/Satz/Fotos: Hendrik Heidler
Umschlagfoto: shutterstock, AleSalM
Herstellung und Verlag: BoD – Books on Demand, Norderstedt
Made in Traumzeit
ISBN: 9783751933780

www.hendrik-heidler.de

Inhaltsverzeichnis

Vorwort

Die Weisheit der Pflanzen ist nicht wirklich verloren. Sie mag hinter dem Rauch lodernder Scheiterhaufen ebenso verborgen sein wie zwischen dicken, alten Buchseiten. Doch kann sie auf verschiedene Weise wieder sichtbar gemacht werden. Abgesehen von theoretischen Forschungen in Bibliotheken, die natürlich ihren Sinn haben, erscheint mir aber die lebendige Kommunikation mit dem Lebewesen Pflanze die authentischere Möglichkeit zu sein. Denn wer sagt uns, dass ein vor 500 Jahren beschriebenes Wirkspektrum damals lebender Pflanzen bis heute gleich geblieben ist? Eher scheint mir logischer, das Leben nie und nimmer gleich bleiben kann. Leben ist Wandlung, sonst ist es nicht. Ihm können wir nur gerecht werden, indem wir uns immer wieder mit neuer und vor allem sinnlicher Hinwendung zu den lebendigen Hütern heilsamen Wissens begeben, den Pflanzen selbst. Deshalb wird es aber auch unbedingt Widersprüche zu manch niedergeschriebenem Wissen geben. Nicht weil dort womöglich Fehler aufzudecken seien, was durchaus auch möglich ist, sondern viel mehr, weil andere Zeiten und andere Beobachter zu anderen Ergebnissen, bei allen Ähnlichkeiten, kommen müssen. Es gibt keinen unveränderlichen bzw. allgemeingültigen Maßstab, so sehr die „moderne" Naturwissenschaft das auch behaupten mag. Also lade ich Sie mit diesem Buch dazu ein, einmal all die angelernte Schulweisheit beseite zu lassen und dem zu folgen, was mir mit meinen eigenen Sinnen sichtbar wurde – OHNE Umweg über Dritte(s). Auch Sie sind dazu in der Lage, wofür Sie in den hinteren Kapiteln sinnlich handgreifliche und damit selbst anwendbare Vorschläge finden. Und noch einmal, ja, ich meine tatsächlich die direkte Kommunikation mit unseren vermeintlich „sprachlosen" Verwandten des Pflanzenreichs. Trotz größter Anstrengungen, pflanzenkundige Menschen samt ihres lebendigen Wissens auf Scheiterhaufen zu vernichten, haben es die Pflanzen natürlich selbst „bewahrt"; weil sie da sind und es damit selbst stets aufs Neue beleben. Auch die einstigen Kräuterweiber, Hebammen und „Zauberer" erfuhren es oftmals direkt von ihnen. Darum schenken es uns die Pflanzen auch gern, wenn wir uns ihnen ähnlich achtungsvoll nähern, wie unsere Ahnen. Das mag für uns heutzutage ziemlich ungewohnt erscheinen, aber trotzdem ist es viel leichter als gedacht. Tatsächlich braucht es kaum mehr als die Absicht für diesen Weg, und schon fallen anmaßende Überzeugungen ebenso in sich zusammen wie viele alltägliche Gewohnheiten und Befindlichkeiten. Es ist egal, was andere von mir, halten wenn ich mit Pflanzen „spreche" oder versuchen, es lächerlich als Einbildung abzutun. Aus eigenem Erleben weiß ich es anders. Außerdem ist es einfach nur schön und angenem, Bäume zu umarmen, deren rauhe Schale zu spüren, zu riechen, zu schmecken oder sich längere Zeit niederzusetzen, um auf „Augenhöhe" ein solch zartes Wesen, wie das Gänseblümchen in seiner erstaunlichen Kraft zu erschauen.

Wie gesagt, die direkte Kommunikation bietet den einzigartigen Vorteil gegenüber allen anderen Methoden des indirekten (abstrakten) Lernens aus Büchern und anderen, konservierenden Medien, den der andauernden Wandlung von Lebewesen gerecht werden zu können. Auch und gerade in der individuell konkreten Wechselwirkung zwischen konkreter Person und konkreter Pflanze. So kann eine Pflanze bei zwei unterschiedlichen Menschen durchaus unterschiedliche Leiden beeinflussen, selbst wenn das in wissenschaftlich pflanzenheilkundlichen Werken für unmöglich gehalten werden mag. Ja, es können umfassende, direkt von Pflanzen kommende „Aussagen" über deren konkrete Heilkräfte erlangt werden, ja, sogar individuelle „Nachrichten" gezielt für einzelne heilungssuchende Personen. Sie werden vielleicht fragen, wie soll das denn gehen? Pflanzen haben doch weder Münder noch Ohren. Stimmt, aber sie sind Lebewesen, und wir auch. Und dort wo Leben ist, gibt es Geist. Und dort, wo Geist ist, gibt es Träume, und Träume offenbaren ihre schöpferischen Kräfte, indem sie sich in unsere alltägliche Wirklichkeit hineinbilden.

Und schon haben wir sie, eine der vielen Möglichkeiten, mit Pflanzenwesen zu „sprechen": Kraft unserer Einbildungsfähigkeit. Das, was Pflanzen an Kräften „ausstrahlen", können wir Kraft unseres Geistes in Bilder übersetzen. Das ist gar nicht so verwunderlich, wie es klingen mag. Bedenken Sie, auch kleinste Mikrolebewesen sind in der Lage, in uns innere Bilder, wie auch ursprünglichste Empfindungen hervorzurufen. Wir bekommen Appetit auf Zucker, sehen vielleicht sogar vor unseren Inneren Augen verschiedene Lieblingssüßigkeiten – hervorgerufen, durch starken Pilzbefall in unserem Darm. Ebenso bekommen Tollwuterkrankte unfassbaren Durst, doch weil die dazu gehörigen Krankheitserreger Wasser scheuen, wie der Teufel das Weihwasser, können diese Menschen nicht trinken. Kein Wunder, wenn sie rasend werden.

Ja, es ist absolut keine unmögliche Spinnerei „schwärmerischer Geister", wenn beispielsweise durch Trinken eines Kräutertees die Heilkraft der entsprechende Pflanze bildlich erfahren werden kann, oder durch Berühren eines Baumstammes. Was ich oft genug mit Kindern erlebt habe, wenn sie die Bäume fragten: *„Du, Baum, was hast Du für Geschenke für uns?"* Und dann mit Buntstift und Papier das aufmalten, was als wesenseigene Kräfte dieser Pflanze gilt. Aber die Kinder fragten auch: *„Du, Baum, was darf ich Dir gutes tun?"* Auch darauf bekamen sie Antworten, wie den Wunsch, vor Motorsägen geschützt zu werden. Anfangs wundert das. Doch wenn im darauffolgenden Winter gerade die Bäume gefällt wurden, die den Kindern solche Bilder übermittelten, ändert sich nach und nach die Weltsicht.

Womit ich bei einem weiteren, wichtigen und doch meist nicht mehr bedachten Aspekt im Umgang mit den Pflanzen komme, dem Dank samt beiderseitigen „Nutzen". Leider gehen auch die meisten „Naturburschen" und empfindsamen „Kräuterweiber" längst nur noch vom Standpunkt des ausschließlichen Nutzens für uns Menschen aus. Tee ist zu trinken, damit es UNS allein gut gehe. Wer fragt schon danach, ob sich eine Glockenblume fotografieren lassen will, ein Löwenzahn aufgegessen oder die feinfiedrigen Blätter der Bärwurz in Alkohol eingelegt werden wollen? Fast alles ist auf unser Wohlbefinden bezogen und dabei ist es nicht sehr lange her, zwei, drei Jahrhunderte, da von vielen die Pflanzen noch als Freunde und Verwandte wahrgenommen wurden. Daraus folgte, auch die Pflanzen als gleiche Lebewesen unter Gleichen zu achten und dementsprechend mit ihnen umzugehen. Allein das verhinderte oft solch herrisch gleichmütigen Raubbau an Mensch und Natur, wie er heute selbstverständlich ist (siehe z. B. die ausufernde Anwendung von Pflanzenvernichtungsmitteln). Was nicht heißt, dass früher alles besser war. Aber diese lebensnahe Wahrnehmungsweise eröffnete Formen artübergreifenden Miteinanders, gleichberechtigt, wie mit Freunden und Verbündeten immer zu beiderseitigem Gedeihen.

Besonders für die Kommunikation auf Basis der Gleichheit allen Lebens und unter Voraussetzung individueller Einzigartigkeit habe ich dieses Buch geschrieben – für mich ebenfalls die Herausforderung in dieser horizontalen, hierarchiefreien, herrschaftslosen Annäherungsweise zu bleiben – um endlich wieder unsere geblendeten Augen gegenüber unseren Mitwesen zu öffnen, um ihre Bedürfnisse besonders auch dann achten zu können, wenn sie uns etwas von sich geben. Dann nähren sie uns nicht nur als grüner Salat, weil wir sie dazu zwingen, sondern schenken uns womöglich gern von sich, indem sie sich uns wie von selbst so zeigen, wie sie uns gut tun.

Danke, Ihr grünen, bunten Wunderwesen!

Mit leidenschaftlicher Freude geschrieben:

Hendrik Heidler
im kunterbunten Herbst des Jahres irgendwann

Anliegen

Pflanzen verdanke ich mein Leben. Das mag dramatisch klingen, ist es aber nicht. Vielmehr wirken diese erstaunlichen Wesen auf ihre eigene, fast bescheiden zu nennende Weise. Was trotzdem oder vielleicht gerade deshalb, sehr sehr tief gehen kann. Wir sind auf deren überraschende Wirkkräfte nicht vorbereitet und schaffen es dann nicht mehr auf gewohnte Weise „rechtzeitig zuzumachen". Natürlich weiß ich inzwischen aus eigener Erfahrung, wie groß die Verlockung bei Therapeuten sein kann, solche eigenen, individuellen Erfahrungen zu verallgemeinern. Trotzdem scheint mir in vielen Jahren der Beobachtung mit der oben beschriebenen Eigenheit ein grundsätzliches Merkmal dieses grünen, bunten Lebens aufzuscheinen.

Darum wage ich es mit diesem Buch die drei Kreise des Lebens vorzustellen und anhand von wesenseigenen Pflanzenkräften aufzuzeigen, die jeden von uns bei anstehenden Wandlungen, wie auch Krankheiten, heilsam begleiten können. Damit stelle ich KEIN weiteres, festgefügtes System vor, sondern gebe offene Anregungen weiter. In diesem Sinne verstehe ich es auch, von einer meiner belebendsten Erfahrungen zu erzählen, weil ich davon ausgehe, dass Ihre ewige Seele gemeinsam mit Ihnen grundsätzlich in der Lage ist, darin für sich selbst das zu finden, was Ihnen hilfreich sein kann.

Gleich 1990, noch in den Wirren der so genannten Wende in meinem Heimatland, man darf auch Zusammenbruch dazu sagen, kribbelte es in meinem Bauch, ob der sich abzuzeichnenden Freiheiten, mich beruflich endlich selbstständig machen zu können. Damals arbeitete ich in der industriellen

Forschung und Entwicklung. Dort, in diesen hierarchischen Strukturen fühlte ich mich beengt.

Aus heutiger Sicht erstaunlich blauäugig, was die „Freiheit" als eigener „Chef" betrifft, bereitete ich meine freiberufliche Selbstständigkeit vor.

Am 1. August 1990, einen Monat nach der Währungsunion mit Westdeutschland saß ich vor meinem funkelnagelneuen Macintosh und lauschte gleichzeitig ins Treppenhaus, ob nicht wie von allein Kunden kommen würden. Sie kamen tatsächlich! Aber so einfach blieb es nicht.

Nach fünfzehn Jahren durchkämpfen, ein anderes Wort fällt mir dafür nicht ein, war ich körperlich und geistig ausgelaugt.

Ein unfassbarer Glücksmoment für mich, als mein Unternehmen am Abend des 30. April 2005 für mich Geschichte geworden war. Endlich konnte ich wieder hinaus in die Natur, weg vom Bildschirm und das wirkliche Leben mit allen Sinnen genießen – was ich erst wieder lernen musste. Und geradlinig ging's schon gar nicht.

Ehe es so weit war, brauchte es viele, gute Stolpersteine. Einer davon war die Schönheit einer Distel. Einige Jahre vorher, lief ich in schweren Gedanken befangen und trübsinnig beinahe an ihr vorbei. Wer depressive Zustände kennt, weiß wovon ich schreibe. Stachlig, wie sie ist, duldete sie dies aber nicht. Ich blieb an ihren Stacheln hängen. Nicht körperlich, sondern weil mir schlagartig bewusst wurde, dass ich mein Staunen verloren hatte. Darauf war ich immer so stolz gewesen. Bereits als kleiner Junge liebte ich es, auf blühenden Wiesen zu liegen, die Schmetterlinge von unten zu beobachten oder die Fliegen, die mit ihren Rüsseln das Gras putzen. Sie, die Distel stachelte mich auf, ließ mich einen starken, stechenden Schmerz in meiner Seele empfinden, dem ich fortan nicht mehr ausweichen *konnte. Diese stachlige Schönheit hatte mir die Erinnerung an den Grund, wozu ich hier auf Erden bin zurückgegeben: **Lebenslust!** Dazu brauchte es weiter nichts als ihren Stich in meine trüben, geblendeten Alltagsaugen.*

Eine zutiefst wichtige Lehre, wie anders und jenseits vorgegebener Schubladen (auch die der Pflanzenheilkunde), diese weisen Wesen zu heilen vermögen.

Und doch scheinen vorgegebene Heilsysteme die Regel zu sein. Was mich zu folgender Grundsatzfrage veranlasste:

Kann es Heilsysteme überhaupt geben?

Diese Frage mag in schulmedizinisch gefilterten Ohren ketzerisch klingen. Erstaunlicherweise aber vielmehr noch in den meisten Anwenderohren so genannter alternativer Heilweisen.

So ist es müßig bei schulmedizinischen Anwendungen von Heilung zu sprechen, höchstens noch von Reparatur, wobei selbst dieses Ziel kaum noch eine Rolle spielt, sondern hauptsächlich durch Wegdrücken, Abschneiden, Vergiften, Verätzen und Verstrahlen die Heilbehandlung simuliert wird. Die so genannten unerwünschten Nebenwirkungen vieler Medikamente halte ich für die eigentlich zu erzielenden Wirkungen, um damit das Krankheitsleiden quasi zu überdecken! Zielstrebiges, weltanschauliches Herangehen an die sinnlich vorhandenen, menschlichen Befindlichkeiten lässt sich höchstens nur insofern wahrnehmen, als dass die vorherrschende mechanistische Kosmologie (Elektronik und Informatik inklusive) keine Rücksicht darauf nimmt. Das heißt, Leben wird, einschließlich des Menschen nur als totes, maschinelles System betrachtet und entsprechend empfindungslos behandelt. Somit muss eine solch weltfremde, wenn auch gesellschaftlich vorherrschende Weltsicht zwangsläufig eher konfusem Ausprobieren gleichen, je nachdem, welche Strömung bzw. Modeerscheinung innerhalb dieser bestimmend ist. Das mag nahezu jeder bereits erlebt haben, wenn er mal dies und mal das an Medikamenten auszuprobieren hat und das Leiden trotzdem hartnäckig stets wiederkehrt. Systeme sind dann höchstens ins sich geschlossene Handlungsabläufe, wie sie auch als Anleitung für den Aufbau eines Holzregals beigefügt sind. Mehr nicht!

Von der Betrachtung des Lebens, in seiner sinnlich konkreten also individuellen Äußerung bei Gesundheit und im Leiden keine Spur. Jeder charakteristische Ausdruck wird hinweggedacht, damit vereinheitlichte Krankheitsbilder herbeiphilosophierbar werden. Die Voraussetzung ist geschaffen, um mit einer Auswahl relativ weniger Medikamentengruppen viele Millionen Menschen auf die selbe Weise behandeln zu können, wie es bei Millionen gleicher, vom Fließband rollender Autos möglich sein mag. Wobei ich selbst das bezweifle, behandeln wir doch unsere Autos naturheilkundlicher und ganzheitlicher als uns selbst. *Niemand würde die Benzinanzeige abkleben (unterdrücken), wenn der Sprit ausgegangen ist, sondern Sprit nachfüllen. Leuchten bei uns Menschen Hauterscheinungen auf, unterdrücken wir diese hingegen oft mit mächtigen Salben, anstatt deren Grund auszuheilen.*

Somit kann Heilung gar nicht auf diesem Wege möglich werden, höchstens als Spontanheilung oder als Behauptung. Und manchmal trotz gleichmacherischer, medikamentöser Bekämpfung der Symptome, weil wir als Menschen über unfassbare Lebenskräfte verfügen.

Aber weshalb finden sich ähnliche wenn nicht gar drastisch weltfremde Herangehensweisen sogar bei den vielen der unzähligen „alternativen" Heilmethoden, obwohl es deren Anhänger eigentlich besser wissen müssten? Auch dort wird gleichmacherisch von Heilsystemen ausgegangen, die angeblich für nahezu alle geeignet seien. Und jeder schwört auf seine Methode, meistens, weil sie dadurch angeblich selbst auf wundersame Weise geheilt wurden. Berufen, von höherer Warte, auserwählt gar! Eigene traumatische Berichte sind nahezu bei allen HeilerInnen in langweilender Gleichförmigkeit zu finden:

„... lange Zeit war ich blind, dann traf ich einen ungewöhnlichen Menschen, der öffnete mir die Augen ... aber erst musste ich wie Sau leiden ... ich wendete konsequent genau das System an ... ich bekam aus der 27. Dimension von dem aufgestiegenen Meister gesagt ... erst als ich losgelassen habe ... nun bin ich auserwählt ..." usw. usf. bla bla bla, will sagen: „ach bin ich gut, ach bin ich besonders, ach, ach, ach ..."

Klar, dann hat man sich nicht nur irgendwelchen, in den Himmel gefahrenen Superhelden auszuliefern – Jesus lässt grüßen – sondern nur genau das, kann und wird und muss dann allen anderen helfen. Wie denn, wenn jeder Mensch einzigartig und ganz charakterlich im Gesunden wie im Kranken ist, was Ausdruck der unfassbaren Schöpferkraft dieser Welt ist und nur sein kann. Aber obwohl davon gerade in diesen alternativen Branchen salbungsvoll gesäuselt wird, klafft eine unendliche Lücke zwischen Reden und Tun. Gleichmacherische Systeme so weit das Auge reicht. Nahezu jede Anzeige gefüllt mit gescheiten, meist englischfernöstlichem Kauderwelsch, versehen mit einem „©" und garantiert „nach dem und dem Meister". Der Abglanz davon soll auf sich selbst als HeilerIn übertragen werden, wie die Kraft eines Rockstars auf dessen Fans laut schreiend auf diesen gezogen werden soll. Das ist Kannibalismus.

Die vergoldete Plastikkrönung vollziehen diese Nachbeter anderer „Weisheiten" aber, indem sie bis zum Erbrechen ihr „ganzheitliches" Heilen verkünden. Ja, geht es denn noch? Wie können sie individuelle Ganzheitlichkeit infolge gleichmacherischer Heilsysteme für ein Wesen versprechen, was nur in seiner Gesellschaftlichkeit als einzigartiges Individuum zu sich selbst kommen kann? Das ist und kann in einer offensichtlich kranken, „weltweiten" Gesellschaftlichkeit, der jeder Mensch unausweichlich angehört, absolut nicht möglich sein. Erst wenn er individuell-einzigartig UND gesellschaftlich gleichermaßen heilt, darf von ganzheitlichem Heilsein für jeden Einzelnen gesprochen werden.

Warum nur sind die schulmedizinischen, wie auch die meisten alternativen Augen so sehr geblendet? Die Antwort findet sich unter anderem im Blick auf das Ganze der menschlichen Gesellschaftsformen seit unserer „individuellen" Bewusstwerdung als Menschen. Unsere „gesellschaftliche" Bewusstheit steht seither noch aus.

Ohne hier auf die Gründe eingehen zu können, die sicherlich nie zur Gänze klärbar sein dürften, gelang es uns Menschen offenbar nicht, zusammen mit der individuellen Bewusstwerdung unseres Selbst, sich auch über unsere Gesellschaftlichkeit als Voraussetzung unseres Menschseins voll bewusst zu werden. Also bewegten wir uns seit damals bis heute (leider) unbewusst in unserer gesellschaftlichen Form. Freilich gestalteten wir sie im Zuge unserer „Entwicklung" auf immer neue Weise, wie gesagt OHNE uns bewusst zu sein, was wir da erschufen. Die Folge war und ist eine zunehmende Entfremdung, sprich Selbstauslieferung an unsere trotzdem ureigenen gesellschaftlichen Schöpfungen, sprich Strukturen und Prozesse. Diese erschienen und erscheinen uns jedoch mangels eben dieser gesellschaftlichen Bewusstheit als äußerliche, uns schicksalshaft gegenüber tretende Geister, Götter und Dämonen oder in heutig, versachlichter Sprache als Gesetze, wie zum Beispiel die des Marktes und seiner angeblichen „Selbstheilungskräfte". Die Sprache verrät den Pferdefuß!

Alles wird von diesen, blind(wütig) geschaffenen Gesellschaftsformen *„eingefärbt also vorgefiltert"*, womit alle Handlungen, Überzeugungen, Systeme, Weltanschauungen, Strukturen und Prozesse sich innerhalb dieser Formen bewegen müssen. Aus dem ergibt sich nichts anderes, als dass wir bereits im Denken *„eingefärbt also vorgefiltert"* sind. Wir bewegen uns in einem vorgegebenen Rahmen, dessen wir uns aber (noch) nicht bewusst sind. Damit müssen grundsätzlich auch alle schulmedizinischen und alternativen Methoden davon *„eingefärbt bzw. vorgefiltert"* sein. Nur diejenigen „alternativen" HeilerInnen, welche sich dessen kritisch bewusst sind und damit die, in einem langen, historischen Prozess erschaffenen Gesellschaftsformen in ihrer Tätigkeit beachten können, werden in der Lage sein, sich weitestgehend davon zu lösen. Aber nie ganz, solange diese gesellschaftlichen Rahmenbedingungen noch vorhanden sind bzw. von jedem von uns automatisch und unbewusst vollzogen werden (müssen). Das ist ein Dilemma!

Erst wenn die konkret sinnliche, individuelle Einzigartigkeit jedes Wesens Beachtung findet UND dementsprechende gesellschaftliche Formen bewusst und menschlich geschaffen werden, kann die beschriebene, generelle Einfärbung also Vorfilterung unserer gesamten Daseinsweisen „aufgesprengt" werden. Damit verlieren sich auch alle gleichmacherischen Anwendungen bzw. Behandlungsmethoden, wozu ebenso die fälschlicherweise „alternativ" genannten Systeme gehören. Solche waren nie alternativ, ja, es konnte sie nie geben, weil sie einen Widerspruch in sich darstellen! Allgemeine Systeme ignorieren von Grund auf die sinnlich konkrete Qualität einzelner Individuen, womit die weiter vorn gestellte Grundfrage dahingehend beantwortet ist: *Nein, es kann keine allgemeingültigen Heilsysteme geben, die diesen Namen verdienen!*

Natürlich macht es Sinn, den in Systemen eingebannten Reichtum an Erfahrungen, Beobachtungen und Überlegungen kritisch zu achten, um daraus Anregungen für individuelle Wege schöpferisch abzuleiten. Aber das ist hier nicht wesentlich sondern die unbewusst vorgefassten Denkstrukturen heilsam aufzuweichen, die das Offensichtliche wieder verbergen. Also die unerträgliche „moderne" Blindheit gegenüber unseren sinnlichen Wahrnehmungsfähigkeiten zu überwinden, um die „geblendeten" Augen wieder sehend zu machen.

Gleichzeitig ergeben sich daraus weitere Antworten auf die berechtigte Frage, wie denn dann behandelt werden könne. Nun, durch:

• die Selbsterlaubnis des eigenen Daseins in all seiner unendlichen Vielfalt und Einzigartigkeit an Kräften, Eigenheiten und Fähigkeiten.

• die Anerkennung, dass der Mensch nur als gesell-schaftlich-bewusstes Wesen Mensch sein kann.

• die bewusste Schaffung eigener individueller Freiräume mit Einfordern gesellschaftlicher Freiräume.

• das Beenden jeglicher Auslieferung seiner eigenen, menschlichen Macht in und über sich selbst sowie an Andere(s), d. h. auch nicht an die eigenen Schöpfungen, an Pflanzenwesen, aufgestiegene Meister, Ideen, Kosmologien, Heilsysteme oder an Gott usw. Ein Gott, der dies verlangte, ist keiner!

Weil es keine vorgefertigten Heilsysteme geben kann, ist jeder einzelne Mensch sein eigenes „Heilsystem". Nur so ist Heilung im eigentlichen Sinne zu haben, individuell und gesellschaftlich. Seien Sie also misstrauisch, wenn es persönliche Heilung von der Stange zu kaufen gibt, wenn Parteien ihren Weg als DIE Lösung anbieten, oder „praktische" Ratgeber kaufbare Revolutionen anbieten. Dort, wo alles über Geld , Arbeit und Weltanschauung bewertet und bemessen wird, wo Rüstungsbetriebe betriebswirtschaftlich ebenso geführt werden wie Krankenhäuser und Kirchen, wird es natürlich weder individuelle noch gesellschaftliche Heilung geben können. Aber wir sind es gewöhnt, vermeintlich allumfassende Lösungsangebote sowohl für uns als Person als auch für die Gesellschaft zu konsumieren. Was jedoch Lösungen gerade verhindert statt sie zu ermöglichen. Deshalb wird es auch weder Wunderkräuter geben können noch fertige Systemtherapien „nach dem oder jenen großen Meister".

Aber es gibt allgemeine Kriterien, wie sie sich aus dem Leben selbst ergeben. Womit ich wieder zu den heilsamen und hier beschriebenen Pflanzenkräften komme, die sich mir an drei aufeinander folgenden Tage zeigten. Ursprünglich ging es allein darum, die zu einem jeweiligen Kreis von Menschen „passenden" Pflanzenwesen zu finden und diesem vorzustellen. Das war die Absicht. Auf solche Weise kennengelernt, können sie darüber hinaus uns allen in Heilungs- und Wandlungsprozessen beistehen und befördern OHNE das wir uns ihnen ausliefern bzw. an Wunderheilungen glauben müssen. Trotzdem können sie „wundervolles" bewirken, wenn wir sie als lebendige Partner achten, die über große Weisheit und erstaunlich vielseitige Kräfte verfügen. Sie offenbaren sich uns Menschen auf sehr individuelle Weise und sind nie allein nur auf die Eigenheiten festgelegt, wie wir sie aus Kräuterbüchern kennen. Dafür bedarf es unserer bewussten Absicht, eben um uns Ihnen nicht auszuliefern, ja, uns nicht in deren unendlicher Vielfalt an Möglichkeiten zu verlieren. Es erscheint mir als Irrtum, die ebenfalls höchst lebendigen, wandlungsfähigen Pflanzenkräfte ausschließlich straff katalogisiert und ein für alle mal nur auf diese Weise festgelegt zu betrachten. Damit würden viele andere Wirklichkeitsebenen der Pflanzen ausgeschlossen. Wir begrenzten sie und folglich uns viel zu sehr – auch wenn die rein phytotherapeutischen Anwendungen ihren guten Grund haben dürfen. Mir geht es um mehr!

Alles was lebt, tritt in Wechselwirkung miteinander. Es geht nur so. Würde es enden, hieße es Tod. Nicht der Vergleich äußerlicher Symptomen, sondern gegenseitiges Achten im Kennenlernen, die Absicht der Näherung, das

Spiel ineinander findender Kräfte und nicht zuletzt, dieses „sich zueinander hingezogen" fühlen, erweisen sich für nachhaltiges Heilsein als deutlich fundamentaler als kurzfristige, oberflächliche Veränderungen.

Es kommt wesentlich darauf an, sich auf dieses Spiel der tanzenden Kräfte von Mensch und Pflanze einzulassen – dann braucht es kein System, keine Regeln, Klassifikationen oder vorgegebene Rezepte. Eigentlich ist das so einfach und doch, für unsere geblendeten Sinne wie auch für unsere, ach so vielen Gewissheiten und Überzeugungen, kann es so schwer sein, sich hindurchzufressen; bei weitem aber nicht unmöglich!

Deshalb wage ich mit diesem Buch – in nur drei Kapiteln aufgeteilt und zu je fünf Pflanzenwesen – systemfreie und spielerische Möglichkeiten zu beschreiben, wie Heilung erlaubt und lebendig gestaltet werden kann. Dabei weiß ich ein unendliches Universum heilsamer, überraschender Kräfte an meiner Seite, die überall wahrzunehmen und ganz gleich wie man sie nennt, sich in drei lebendigen Kreisen entfalten und vollziehen: Eingang, Raum und Ausgang ... Essen, Stoffwechsel und Ausscheiden ... schwarz und weiß, wobei sich im „und" die ganze Vielfalt der Möglichkeiten zwischen beiden Extremen verbirgt. Diese drei Kreise dienen uns als Kriterien für die Beförderung anstehender Wandlungen. In Abgrenzung zur gegenwärtigen, verwertungsorientierten Gesellschaftsform des Geldvermehrens und Lohnarbeitens, die sich immer und überall in ZWEI Gegensatzpaaren (Polaritäten*) sucht, zu erhalten, lassen sich mittels sinnlichen Betrachten der wirklichen Welt drei Kriterien kleinerer und grundlegenderer Wandlungen (Heilung) finden. Diese sind „Hinschauen, wie es ist",

„Bedingungslose Bereitschaft, ins Unvertraute zu gehen"
und die „Erlaubnis, kühn von sich selbst zu träumen."

Erster Lebenskreis: „Hinschauen, wie es ist"

Das erfordert, Fragen zu stellen, in Frage zu stellen, Kritik zu üben, auch und insbesondere am zutiefst unauffällig Gewohnten. Natürlich ist zu allererst bei sich selbst anzufangen, ohne jedoch vor der allgemein alltäglich gelebten Gesellschaftlichkeit zurückzuschrecken. Beides hängt untrennbar zusammen. Das kann ein wirklich quälender Prozess sein, eine Art hindurchfressen durch unzählige Krusten verinnerlichter (ansozialisierter) Verhaltensweisen, Überzeugungen und Gewissheiten, wie ich sie weiter vorn als vorgefärbt also vorgefiltert bezeichnete. Dazu zählt freilich auch besonders Liebgewordenes und von unseren Ahnen Überkommenes. Nur weil es schon immer so war, wird manches noch lange nicht wahrer und lebensdienlicher.

Es hat so ähnlich zu erfolgen, wie unsere Nahrung „kritisiert" werden muss, um es durch riechen, schmecken, anschauen, zerkauen usw. als unbedenklich aufnehmen zu können. Ebenso ist es erforderlich unsere gesellschaftliche Daseinsweise bis in ihre Einzelteile auf Verdaulichkeit zu durchkauen. Gleiches gilt erst recht für jeden von uns

---

* Polaritäten – Entgegen gebetsmühlenartigen Herunterrasselns „alternativer" HeilerInnen und Esoteriker, ist nicht die wirkliche Welt einem so genannten Gesetz der Polaritäten unterworfen, sondern die von uns Menschen unbeabsichtigt hervorgebrachte gesellschaftlichen Wirklichkeit. Die Digitalisierung als deren krassester Höhepunkt ihrer derzeit sich vollziehenden Zerfallsphase ...

selbst, da wir alle es sind, die wir aus unserer Individualität heraus, die gesellschaftliche Form gestalten, erhalten, aber auch verändern (können).

Wenn wir nicht wissen, wo wir „stehen", können wir weder wissen, wie wir von dort wegkommen, noch wohin wir wollen.

Zweiter Lebenskreis: „Bedingungslose Bereitschaft, ins Unvertraute zu gehen"

Fühlen Sie sich bitte einmal in zwei Aussagen ein, in „Ich bin bedingungslos bereit!" und in „Ich kann es versuchen!" Sie merken gleich den Unterschied der darin liegenden Kraft. Aber wie können wir glauben, lauwarm etwas zu verändern, was womöglich Jahrzehnte heranreifte und tief in unser Selbstverständnis eingegraben ist?

„Bedingungslos!", das klingt erschreckend hart, und lässt augenblicklich viele Ängste aufsteigen. Häufig durfte ich vor einem grundlegenden Wandlungsritual auf meine Frage erleben: „Bist Du bedingungslos bereit, heil zu werden?", wie Gesichter weiß wurden, sich Körper wanden und die Haut zu schwitzen begann. Anfangs kam das „Ja" salopp von den Lippen, wurde die bedeutende Kraft der Bedingungslosigkeit nicht ernstgenommen. Doch fragte ich nach und bat, sich über dieses Wort im Klaren zu werden, ging es wirklich ans Eingemachte, ans Vollenden des längst Veralteten und doch so Liebgewordenen. Es brach heftige Angst hervor. Dabei zeigten sich die erstaunlichsten „Leidenskunstwerke", alle Rechtfertigungen und Ausreden, weshalb man eigentlich alles so belassen möchte, wie es ist. Ohne Entscheidungen für die eigene „Wiederbelebung", die durchaus auch mit Ungemach einhergehen können, sollte das elende Leiden „wegoperiert", beseitigt werden. Änderung? Fehlalarm. *Nach dem Leiden, sei vor dem Leiden! Es soll alles wieder so werden wie früher!* Übrigens liegt auch darin die Anziehungskraft der schulmedizinischen Kriegsmedizin: Das Versprechen, nach erfolgter Reparatur genau so weiter machen zu können, wie bisher. Dafür wird „gern" schon mal eine Gebärmutter oder ein Stück Darm geopfert – und manchmal sogar das Leben.

Es ist eigentlich sehr verständlich, dass weder mit den alten, krankmachenden Umständen, noch mit lauwarmer Luft (salopper Entscheidungen) die gewünschte Wandlung (Heilung) bewirkt werden kann. Oder etwa nicht?

Es braucht grundsätzlich die kraftvollst denkbare Bereitschaft, ein Wagnis dahingehend einzugehen, dass niemand wirklich wissen kann, wie man infolge der „Behandlung" gesundet. Was nach dem Sterben des Veraltetem und der Geburt ins Neue hinein kommt, und zu tun sei bzw. was für weitere Entscheidungen zu treffen sind. Und so sehr wir es manchmal hoffen mögen, dieser Prozess endet nie, so lange wir leben. Aber wir können unsere Haltung dahingehend verändern, bis wir darauf „neugierig" werden. Eine unglaubliche Erleichterung! Leben fließt immer ins Unvertraute, alles andere ist Illusion. Und Heilung heißt nichts anderes als Leben. Um wie viel mutiger erscheinen die herangereiften Kinder im Mutterleib. Sie setzen alles auf eine Karte und springen regelrecht in eine, ihnen absolut unvertraute Welt. Um wie viel gelassener sollten wir „Lebenserfahreneren" eigentlich sein können, um unsere anstehenden Wandlungen zu meistern!

Heilung heißt, bedingungslos dafür bereit zu sein, alles auf eine Karte zu setzen oder einfach ausgedrückt, zu sagen: *„Jetzt reicht's, nun wage ich es."*

Dritter Lebenskreis: *„Erlaubnis, kühn von sich selbst zu träumen"*

„Träumen" klingt so banal, auch kraftlos. Doch oft erlebte ich die drastischen Folgen bei denen, deren Träumen von sich selbst abhanden gekommen war. Häufig konnte ich auch beobachten, dass selbst Träume bereits im Kopfe zensiert wurden, noch ehe sie ganz auftauchten; von aussprechen gar nicht zu reden. Und wieviele Menschen reagierten zutiefst erschüttert als sie bemerkten, sich nicht einmal daran erinnern zu können, was sie sich als Kinder vom Leben erträumt oder was und wie sie gespielt hatten?

Doch was nützt es, hinzuschauen, wie es ist und sogar bereit zu sein, das eigene Leben zu wagen (um lebendig zu werden), wenn es keinen Traum vom eigenen Heilsein gibt? Flösse nicht die befreite Kraft wieder ins alte Leiden, in die alten Umstände? Nein, unsere eigene Verantwortung für uns selbst nimmt uns niemand ab, weder der liebe Gott, noch sein Erzengel Michael, weder ein schamanisches Krafttier, eine Heilpflanze oder eine „weiße" Tablette. Es braucht bildlich ausgedrückt, einen Anker, einen Magneten in der Zukunft, der uns im Alltag zu sich zieht, uns vor Entscheidungen stellt, die uns zu ihm bringen. Und das ist der Traum, unser Traum, der Traum unserer Seele, hier zu sein.

Dieser Traum handelt von der Lust unserer Seele, auf die Erde zu kommen. Das Leben lockt sie, wie Carlo Zumstein so poetisch ausdrückte, um zu erleben und zu erfahren, schamlos, mit allen Sinnen das Leben zu schmecken, zu riechen, zu fühlen, zu sehen, zu hören, zu spielen, zu tanzen, zu lieben, schlicht lebenslustig zu sein, darum sind wir hier. Und, wir sind Schöpferwesen, die nicht anders können, als zu erschaffen. Wobei sich die Frage stellt, erschaffen wir blind, unbewusst, automatisch, oder erschaffen wir im Rausch unserer Bewusstheit unseres Glücksgefühls hier zu sein, aus purer Lust an uns selbst und aus uns selbst heraus.

Verweigern wir unser Wesen, verleugnen wir nicht nur unsere menschliche Gesellschaftlichkeit sondern auch unsere Schöpferkraft, verhindern wir unser Menschsein und werden krank oder zu Ungeheuern.

Das vermeiden zu helfen bzw. dort, wo es bereits geschehen ist wieder heilen zu können, dafür habe ich dieses Buch geschrieben. Es ist Ergebnis vieler Begegnungen mit Pflanzenwesen in meinem Alltag und diese ergänzend während dreier Schwitzhüttenzeremonien. Die sich mir dabei zeigenden Kräfte nahm ich als Anregung dafür. Im Nachfolgenden habe ich das in der damaligen Reihenfolge wiedergegebene Wissen behutsam bearbeitet und insgesamt umfangreich erweitert. Und wie diesen TeilnehmerInnen im Tipi empfehle ich auch Ihnen jetzt, nicht verkrampft und nach Gewissheit strebend die entsprechenden Pflanzenwesen einzuladen. Lassen Sie Spontaneität zu, wählen Sie sie beherzt und spielerisch. Es darf genug sein an erstickendem Perfektionismus. Und ich verrate Ihnen ein Geheimnis: *„Sie können gar nicht irren!"*

Erinnern Sie sich, was ich weiter vorn schrieb und womit ich dieses Buch ausklingen lassen werde: Mit welcher Absicht Sie sich einem Pflanzenwesen nähern, so wird es Ihnen entgegen kommen. Es geht auf Sie persönlich und Ihr Anliegen konkret ein. Das kann ganz anders sein, wie es in Kräuterbüchern definiert wurde.

Wagen Sie es und Sie werden sich wundern, wie wenig das mit Wunder zu tun hat, aber mit dem, was Leben ist und wie es sich stets immer und überall offenbaren kann. Es braucht keine andauernde Gestaltung unseres Selbst sondern nur, es zu erlauben.

Mehr nicht!

DER KREIS DER STILLE
„Hinschauen wie es ist"

FRAU WEIDENRÖSCHEN

Wann haben Sie sich das letzte Mal erlaubt, zehn Minuten vor einem Gänseblümchen zu sitzen und zu schauen, wie es ist? Was kommen da nicht alles für „Themen" hoch ... Unruhe ... Angst vor Blamage usw. Aber womöglich schenkt Ihnen diese bewusst gewählte Stille einen freien Raum für neue Wahrnehmungen und Gedanken. Doch kann es auch geschehen, dass einen dieser Raum augenblicklich streitig gemacht wird, gar als Schwäche ausgelegt und gleich wieder von Lärm gefüllt wird. Selbst wenn es der „Lärm" eigener Gedanken ist. Wohin wir uns auch wenden, was für Unruhe auch in unsere Ohren dringt, oft hängt es damit zusammen, dass es eigene Freiräume schwer haben, sich gegen die allumfassende Überdehnung äußerlicher Eindrücke zu erwehren.

Als ich das Weidenröschen wählte – oder wählte es mich? – wusste ich anfangs nicht, was es mit Stille zu tun haben mochte. Zuerst dachte ich an meinen heimatlichen Scheibenberg und seine vulkanische Geburt. Dort wächst das Weidenröschen besonders gern. Mir kam in den Sinn, was für ein Krach diesen gewaltigen Ausbruch von Feuer und flüssigem Gestein bekleidet haben mochte. Vorher eingeschnittene Flusstäler füllten sich mit Lava, die zu den berühmten Basaltsäulen, den Orgelpfeifen erstarrte. Freie Räume füllten sich. Auch wir erleben immer wieder, wie sich Räume strukturell schließen.

Ist es etwa nicht auch eine Art Lärm, wenn in Zeiten der Wahl unsere Blicke unweigerlich gegen Plakate von selbstverliebten Politikern stoßen und deren künstlich strahlenden Gesichter mitunter tief in unsere Seele einbrechen? Ausdruck überblähter Egos? – Jetzt hatte ich das Stichwort: „überbläht". Das Weidenröschen gilt als eine der wirksamsten Heilpflanzen bei sich überblähender Prostata. Sie kennt sich also doch aus mit der Stille, und deren Störung. Wenn Räume lärmend gefüllt werden, die eigentlich Freiräume der Stille bleiben sollten, verliert sich die Freiheit unserer Sinne. Um zu schauen, braucht es Offenheit, Weite und die Bereitschaft, den Fokus auf Bekanntes aufzugeben und sinnliche Wahrnehmungen zuzulassen, die sonst beiderseits des scharfen Blickes unentdeckt bleiben.

Doch wir haben womöglich Angst, den uns selbst erlaubten Freiraum nicht halten zu können. Wie schnell nutzen ihn Eindringlinge im Glauben, es sei die Schwäche eines niederzukonkurrieren Gegners. Wir kennen das alle. Vielleicht erinnern Sie sich an eine Fahrt auf der Autobahn. *Bei diesen rasenden Geschwindigkeiten lassen Sie gehörigen Abstand zwischen sich und Ihrem Vordermann. Doch plötzlich überrascht sie ein Fahrzeug von rechts kommend und huscht einfach so in diesen Freiraum hinein. Ihre Weisheit wurde als Schwäche gedeutet, der Freiraum als Schlupfloch fremder, lärmender Kräfte.*

Halten Sie es aus oder verringern Sie in Folge dessen Ihren Freiraum der „Stille"? Angenommen, Sie lassen sich auf den Kampf ein, was macht es mit Ihnen? Gibt es Ihnen Genugtuung? Oder bekommen Sie feuchte Hände, weil Sie Ihr Gefahrenbewusstsein nieder drücken? Der vermeintliche Schutz verwandelt sich in gesteigerte Gefahr für Ihr Leben.

Gleiches geschieht, aus welchen Gründen auch immer, wenn sich die Prostata vergrößert, bis sie den Lebensstrom beginnt zu verengen. So, wie der Harn endlich nur noch tröpfchenweise den Körper verlässt, füllt es diesen mit dem „Lärm" auszuscheidender Stoffe, die irgendwann vergiften können. Genau so kann es uns gehen, wenn wir uns selbst lärmend überdehnen, den Freiraum der Stille um uns herum verengen oder lärmend füllen. Wie auch immer, von außen oder von innen, wir verengen unsere Lebendigkeit, wie wir auch unseren Blick verengen. Wir sehen nichts anderes mehr, als Gefahren, Widerstände oder meinetwegen Verlockungen. Das Eigentliche, das was unser Leben, unseren Daseinsgrund, unsere Lebenslust ausmacht, unser Leben mit allen Sinnen zu schmecken, bleibt dabei auf der Strecke.

Eventuell aber füllen Sie Ihre durchaus möglich zu schaffenden Freiräume ganz freiwillig, oder eben aus Gewohnheit automatisch mit Lärm. Sie lenken sich medial ab oder suchtvoll mit dem Handschmeichler „Smartphone". Es kann auch sein, Sie meiden Orte der Stille, die es Ihnen scheinbar unmöglich machen, sie auszuhalten, wie die Dunkelheit. Überall Licht und wenn es ein glimmendes Lämpchen im Flur auf dem Gang zum WC ist, was die „finsteren" Geister der Nacht vertreiben soll. Dabei glauben Sie eigentlich gar nicht an solche, lächeln abfällig im Licht darüber. In Wirklichkeit vertreiben sie die alltäglich verdrängten Geister in Ihnen, die Ihnen unbequeme Fragen stellen würden, wenn Sie diese nicht andauernd überlärmten. Der Wunsch Ihrer Seele, weshalb Sie tatsächlich hier auf Erden sind, bricht womöglich unaushaltbar in der Stille hervor – so lang, wie sie tapfer dagegen ankämpften.

Oder was ist mit dem Wald? Gelingt es Ihnen, diesen allein des abends zu betreten?

Wer von Ihnen keine Ruhe mehr findet, es nicht mehr aushält für sich Freiräume zu schaffen, der „greife" zur Kraft des Weidenröschens. Sie wird wie die zarte Hand einer schönen Frau, ihre wunde Seele ebenso streicheln, wie Ihre Überdehnung aus Schutzbedürfnissen heraus unnötig werden lassen. Liebe bedarf der Öffnung, auch die Liebe zu sich selbst.

Doch seien Sie achtsam mit sich selbst. Wir wissen zu gut, wie sehr unsere Freiräume mit Lärm aller Art vergiftet werden können. Beginnen Sie sich zu öffnen, indem Sie sich Freiräume der Stille gönnen, sind Sie durchaus verletzlich. Das war einer der Gründe, weshalb Sie sich mit Aktivität, mit Lärm, mit Überdehnung schützen. Dieser lebenserdrückende „Schutz" wird nun endgültig untauglich – soweit er jemals einer war. So wird es nicht ausbleiben, dass auf einmal vieles wieder an Sie heran kommt, womöglich in Sie eindringt. Das kann weh tun, kann Sie zurück schrecken lassen und Sie Ihre getroffene Entscheidung zur Öffnung stiller Freiräume zurücknehmen lassen. Fatal! Aber verständlich. Also braucht es etwas, damit Sie dieses erforderliche Wagnis nicht gleich wieder abbrechen, noch bevor sie sich ganz darauf eingelassen haben. Und damit sie über die ersten Auswirkungen Ihres neuen Weges nicht in die Knie gehen, offenbarte sich mir eine wunderschöne Pflanze, die ich in meinem Leben nicht mehr missen möchte. Die Goldrute. Ich kann Sie Ihnen reinsten Herzens empfehlen.

Königin Goldrute

Jede Wandlung, jedes Wagnis geht mit erhöhter Empfindsamkeit einher. Vielen bekannt als so genannte Homöopathische Erstverschlimmerung, besser als Heilreaktion zu benennen. Es werden „schlafende Hunde" geweckt. Lange während Leiden, in die Tiefe unseres Wesens verbannt, wühlt es auf, vermengen sich gar mit den bereits erwähnten, äußeren Eindrücken und manchmal auch absichtlichen Angriffen. Das kann ein Zeichen sein, auf dem richtigen Weg zu sein. Es kann aber auch das bestehende Leiden verstärken. Das mag daran liegen, dass auf „natürlichem" Wege dieser ganze aufgewühlte und aufgenommene Schmutz, hier als Lärm bezeichnet, nicht hinaus geschafft werden kann. Das zeigt sich in Überreiztheit, Bedrücktheit Ihres Gemüts, oder auch, dort wo es bereits die inneren Organe oder selbst die Wände der Zellen geschädigt hat, in Ödemen oder Geschwüren, wie offenen Beine. Auch schulmedizinisch unterdrückte Erkrankungen, beispielsweise mit verschiedenen kortisonhaltigen Medikamenten können zu Löchern in den Zellwänden führen. Die Folgen sind, neben Vergiftungserscheinungen, Ausdehnungen, wie sie durch Wasseransammlungen im Gewebe sichtbar werden.

Hierbei und in vielen anderen Bereichen offenbart sich die erstaunliche Kraft einer pflanzlichen Königin, der Goldrute. Sie verfügt tatsächlich über fantastische, fast ans magische grenzende Fähigkeiten. Bekannt mag ihre harntreibende und entzündungswidrige Kraft bei Erkrankungen der gesamten Harnorgane sein. Ihre bogenförmig angeordneten, goldenen Sterne, wie die einer

Krone, zeigen den kräftigen und klaren, gesunden Harnstrahl.

Damit befördert sie die Stärkung und Befreiung unserer natürlichen Harnwege, auf das alles hinausgespült werde, was uns sonst vergiftet oder entflammt. Gleichermaßen aber ist sie in der Lage, unnatürliche Wege, z. B. Löcher in den Zellwänden, wieder zu verstopfen, besser ausgedrückt heilsam zu weben. Sie hilft, indem sie unsere Selbstheilungskräfte entsprechend unterstützt und begleitet.

Aber genau diese Fähigkeiten finden sich bei ihr auch in Bezug auf unsere Seele. Gerät diese in Gefahr, zu vergiften, weil sie einfach nicht mehr weiß, wie sie mit diesem ganzen auf sie einstürzenden Müll, Lärm, zurecht kommen soll, kann ihr die Goldrute wieder den Weg weisen, ihn auf „natürlichem" Wege los zu werden. Auf einmal können Sie wieder darüber sprechen, oder schreiben es sich von der Seele, was Ihnen vorher einfach nicht mehr gelang; vielleicht weil giftige Gedanken nur noch in Ihnen lärmten und kreisten und keinen klaren Gedanken mehr erlaubten.

Doch sie hilft auch, „seelische Löcher" zu stopfen oder gar nicht erst zuzulassen, wenn Sie beginnen, sich der Stille zuzuwenden, und von außen auf einmal noch mehr Lärm in Sie dringen könnte. Wenn Ihnen droht, dass noch mehr an Ihre Nieren geht. Aber auch selbst dann, wenn Ihre Seele in Flammen steht, sie „entzündet" bzw. wund sind, von all dem Lärm und bei jedem bisschen gereizt reagieren, hoch gehen könnten, wird es der Goldrute möglich sein, sie wieder zu beruhigen.

Haben Sie das Gefühl, diese Gefahren kommen auf Sie zu, wenn Sie sich der Stille zuwenden, sich beginnen, zu weiten, oder sind Sie bereits in dieser Misere mitten drin, dann „greifen" Sie zur Goldrute, dieser wunderschönen Königin unter den heilsamen Pflanzen.

Aber auch hier gilt Achtsamkeit! Oft ist zu erleben, wie sehr die bisherigen Gewohnheiten auf dem Weg der Wandlung, der Öffnung, dem Gestalten von Freiräumen, mitgenommen werden, um damit das Neue zu gestalten. Das ist normal. Wie anders kann es sonst gehen. Auch das erste Auto sah aus wie eine Postkutsche, doch war trotzdem schon das Neue da. So ähnlich ist es auch bei uns. Ich erinnere mich an viele Begegnungen, bei denen sich Menschen bereit fanden, ihre Ernährung naturnaher zu gestalten. Oft nutzten sie damit die gleiche Disziplin und Strenge, wie sie ihr bisheriges Leben vollzogen: leistungsorientiert, genussfeindlich und sehr ernsthaft. Die Folge war, dass vielen die Strenge inzwischen ins Gesicht geschrieben steht, wenn sie sich „harte" Diäten verordneten und auf Geschmack zugunsten vermeintlich gesunder zelluloseähnlicher Breie verzichten. Oft merken sie nicht, in was für Zwänge, bloß unter anderem Vorzeichen sie sich begeben. Aber das soll kein Vorwurf sein, sondern ein warmherziger Hinweis, etwas nachsichtig mit sich umzugehen, wenn man diese „Fehler" entdeckt. Erlauben Sie sich ruhig, noch ein bisschen im „Alten" zu bleiben. Der Kampf dagegen, bestärkt es nur und hält es fest.

Gelassenheit gehört dazu, wenn etwas verändert wird. Leider fehlt aber meistens dann, wenn sie am dringlichsten benötigt wird. *„Es muss doch endlich besser werden …"*

Glauben Sie, Ihre Gelassenheit längst verloren zu haben, oder vielleicht auf Ihren bevorstehendem Weg unbedingt zu benötigen, dann empfehle ich Ihnen einen der beiden Lieblingsbäume des Erzgebirgers* zu wählen, hier die so sehr in sich ruhende Fichte.

*Lieblingsbäume des Erzgebirgers – Der andere ist der „Vuglbeer-baam", die Eberesche.

Rübezahl Fichte

Es ist ein unvergleichliches Erlebnis, eine hohe, freiste-hende und stämmige Fichte zu erklettern. Sie können sehr hoch werden, bis zu 60 Meter heißt es. Hier am Schei-benberg gibt es einige solcher Bäume, die frei wachsen durften. Sie stehen nicht in Reih und Glied, wie in diesen waldähnlichen Plantagen, worin sie sonst eingepfercht „hochschießen" müssen. Ihre Äste reichen weitausladend in alle Richtungen und bilden im Bereich des Erdbodens regelrechte Zelte. Ein Genuss, dort hinein zu gehen und die knolligen Astansätze zu sehen. Wie Hexenbäume aus längst vergangenen Märchenzeiten der eigenen Kindheit.

Auf diesen Ästen lässt es sich wunderbar steigen. Die Hände ergreifen ruppige Rinde des oft auch rauen Wesens. Die Füße eng am Stamm aufsetzend, gelingt es, auf den meist rundum gewachsenen Ästen zügig in die Höhe zu steigen. Mitunter versperren bereits auf halber Höhe die äußerst dicht stehenden Äste den Weg. Aber das macht nichts. Auch dort schon kann, zumal bei Wind, etwas Wun-derbares erlebt werden: die Gelassenheit eines Riesen, der vollkommen in sich ruht und sanft dabei schwingt.

Legen Sie ein Ohr an seinen Stamm und Sie werden womöglich in der Stille seines Holzes leise Stimmen und Geräusche aufkommen hören, als hörten Sie in ein ver-borgenes Reich hinein. Wer weiß? Diese Gelassenheit hat auch etwas damit zu tun, dass die Fichte nicht nur das blühende, springende Grün des Frühlings hervor bringt, nicht nur mit der Besinnungslosigkeit der über- und her-vorquellenden Fruchtbarkeit – der gelblich-grüne Blü-tenstaub aus kräftig roten Blütenzapfen hat durch seine

Menge schon manche fensterputzende Frau zur Verzweiflung getrieben – nein, sie erwächst aus ihrer Erfahrung mit tiefsten Frösten und dem Tod. Und ein kleiner Tod ist es allemal, wenn sie das Wagnis der Stille eingehen, das Risiko sich zu öffnen. Ihre alten Sicherungen knallen reihenweise raus, ihre alten Verhaltensweisen beginnen zu sterben, OHNE, dass sich womöglich gleich neuer Halt in neugewonnener Lebendigkeit zeigt. Dann, womöglich in höchster Not und wenn Sie bestimmt auch einmal dort hinein geraten, wo Sie ihren neuen Weg in Frage stellen, ihn auf den Mond schießen möchten und einfach nur wieder so zu sein wünschen, wie früher, dann bedarf es der Gelassenheit der Fichte.

Gehen Sie hinaus, lehnen Sie sich an ihren kräftig-rauen Stamm. Oder lassen Sie sich von ihr berühren, im Winter, wenn Sie staunend vor einem Wald dieser sanft schwingenden Riesen stehen und deren Äste dick mit Schnee bedeckt sind. Die Kraft der Fichte wird Sie aufrichten, Ihrem Rückgrat auch im seelischen Sinne wieder Stärke schenken, auf dass Sie durch die Krise des Verzweifelns nicht nur gelassen hindurchkommen, sondern sich auch diese wieder gewonnene Gelassenheit weiterhin bewahren können.

Übrigens, das ist KEINE hanebüchene Magie, sich allein durch die Hinwendung an einem Baum mit dessen Kraft verbinden zu können. Ich habe es selbst oft genug erlebt und andere berichten häufig von ähnlichen Erfahrungen. In der Stille am Baum öffnet er Ihren Sinnen wieder freien Raum. Gönnen Sie sich, empfindsam zu sein, sonst überhören Sie womöglich seine leise Sprache.

Die Gelassenheit der Fichte, gemeinsam mit ihrer aufrichtenden und beruhigenden Kraft, kühlt auch unser Gemüt. Ebenso wie sie die Schmerzen aus früheren Verletzungen zu lindern vermag. Gleiches gilt für manch neue „Beulen", die Ihnen vielleicht wachsen, wenn Sie auf Ihrem neuen Weg beginnen, „laufen" zu lernen.

Oft stellte ich mich, wenn mein Rücken schmerzte (und einfach nicht mehr „still" halten wollte), wenn ich zu wenig auf mich achtete, auf einen frisch abgeschnittenen Fichtenstumpf. Die von unten, den Wurzeln immer noch kraftvoll in die Höhe strömende Wesenskraft der Fichte, riss mich oft in die Höhe und ließ mich gestärkt und geerdet in meine Mitte wieder herunter springen. Mein, infolge schwerer Verletzungen hochempfindsamer Rücken, ist wie mein Messgerät, mein Kompass, um mich achtsam wieder zu mir und meinem Daseinsweg zurück zu bringen. Und Kompass sei mein Stichwort, Ihnen von dieser gar nicht so magischen Magie der gegenseitigen Berührung von Mensch und Fichte zu berichten:

In uns Menschen fließen verschiedenste Flüssigkeiten. Eine davon ist unser Blut. Seine Farbe erhält es letztlich vom Eisen. Beides zusammen, Wasser und Eisen, zumal in ständiger Bewegung, erzeugt, wie wir es in Physik lernten, einen elektrischen Stromfluss, der wiederum ein Magnetfeld erschafft. Gleiches geschieht in Bäumen, hierbei in der Fichte. Auch in ihr fließen Säfte und in diesen befinden sich zusammen mit dem Wasser verschiedenste Salze. Auch dazu lernten wir im Physikunterricht, was daraus erwächst: Elektrischer Stromfluss samt Magnetfeld. Nähern wir uns einem Baum, geschieht das, was in jedem elektrischen Leiter geschieht, Magnetfelder durchdringen sich, es fließt Strom und sofort haben wir einen

„medizinischen Reiz". Das kann jedermann mit ein bisschen Übung und Stille in seinen eigenen Händen, seinem eigenen Körper erfühlen.

Suchen Sie sich dafür eine große, freistehende Fichte, oder meinetwegen mangels dieser einen anderen Baum, und stellen sich zehn, fünfzehn Meter entfernt vor ihm hin. Nun strecken Sie ihre Arme vor mit den Innenseiten der Handflächen nach vorn dem Baume zugewandt. Fühlen Sie sich in Ihre Hände ein und laufen gelassen auf den Baum zu. Meistens schon beim ersten Mal verspüren Sie etwas in den Händen. Oft ist es ein Kribbeln, Drücken oder Ziehen. Manche fühlen auch Wärme oder eine Spannung. Wie auch immer, es ist Ihre Magnetfühligkeit, die das bewirkt. Dabei sei trotzdem nicht behauptet, es gebe KEINE anderen, noch unbekannten Kräfte, die wir spirituell oder magisch nennen. Warum auch nicht.

Und dann, fast ein Wunder. Die Fichte widersteht den stärksten Frösten, 40, 50 Grad minus. Kein Problem! Was mag darin für eine Kraft zu finden sein, wenn sie verschnupft sind, weil Ihr neuer Weg scheinbar erst recht in die Irre führt oder sie sich immer noch im „Alten" wie eingefroren fühlen. Dieser ruppige Geselle wird Sie auch hier behütend begleiten können.

Sehnen Sie sich nach Gelassenheit, wünschen Sie sich Kraft für Ihren zu beschreitenden, neuen Weg oder bedarf es der aufrichtenden und auftauenden Kraft in niederdrückenden Stunden? Dann wählen Sie die Fichte, diesen Rübezahl in unseren Wäldern.

Manchmal kann es trotzdem vorkommen, dass Ihnen auf Ihrem neuen Weg, die Freude, die sich vielleicht schon wieder zaghaft einstellte, nochmal abhanden gekommen ist. Oder Sie finden weder Genuss noch die nötige Freiheit, eher spielerisch diesen Weg fortzusetzen. Sie verkrampfen, verhärten, blähen sich womöglich wieder auf, ohne zurück zu Ihrem bereits geschaffenen Freiraum zu finden. Wieder lärmt es von allen Seiten. In Ihnen rumort es, wie bei Blähungen. Und wieder erinnern sie sich an Ihre früheren, ach so gewohnten Arbeitsmethoden und kämpfen und rackern und hängen fest. Der Ausweg kann im Genuss ebenso liegen, wie im Lösen sich zusammengezogener Freiräume. Über solche Kräfte gebietet ein Küchengewürz, der Kümmel.

MEISTERKOCH KÜMMEL

Wenn ich mich am 23. Dezember, am Vorabend von Heilig Abend in die Küche begebe, ziehe ich mich tatsächlich zurück. Niemand darf mich dabei stören. Denn es geht um Genuss, welcher der Stille bedarf. Ganz in meinem Freiraum eintauchend, nehme ich die alte Pfanne meiner Großmutter und brate den Hasen für das bevorstehende Festmahl. Zuerst danke ich ihm, wie er da ohne Fell ganz nackt vor mir liegt – auch wenn ich weiß, mein Gewissen damit ein wenig zu beruhigen. Anschließend bereite ich ihn zu. Schwimmt er schließlich goldbraun in köstlicher Soße (alle Vegetarier mögen nachsichtig mit mir sein) vor mir und duftet betörend, freue ich mich schlicht auf den bevorstehenden Abend. Und ich weiß, meine Familie mit mir. Es geht dabei um Genuss aus der Stille heraus, wie auch der Weihnachtsabend nur als Stille Nacht, Heilige Nacht denkbar ist.

Und es braucht einen unverkrampften Umgang mit dem Thema des Lebens, wie auch der Frage: „Nährt sich nicht Leben immer auch von Leben?" Es ist wie es ist. Und wo hört es auf, kein Leben zu nehmen, um Leben zu erhalten? Das offenbart ebenfalls ein moralisches Dilemma, wie auch die „moderne" Doppelmoral, angeblich Tiere zur Nahrung für uns Menschen töten zu müssen, jedoch es tatsächlich nur für die Vermehrung des Wertes zu vollziehen. Aber dieses Thema ausführlich zu beleuchten, bedarf eines anderen Buches.

Genuss ist ein Teil des Lebens, vielleicht sogar, wie ich eingangs schrieb, in Form der darauf ausgerichteten Lebenslust der eigentliche Grund für unser Dasein. Doch

wie schnell verkrampfen wir, wenn wir etwas erreichen wollen, etwas durchziehen wollen. Das trifft auch und gerade dann zu, wenn wir uns auf unserem neuen Weg befinden. Es geht uns nicht schnell genug, wir haben Angst, uns zu verlieren, wir glauben, alles im voraus planen zu müssen; und Freude darf sowieso keine Rolle spielen, wie uns allgemein gesellschaftliche, wie auch schulmedizinische Prinzipien so lehrreich vormachen, ja, Toternsthaftigkeit sogar fordern. Es ist auch nicht zum Lachen, sich für das Leben an den Rand des Todes bringen zu lassen, wie es beispielsweise Chemotherapien erfordern.

Das Märchen von der Schneekönigin ist hierbei sehr lehrreich. Kai hat einen Splitter im Auge und ist für die Liebe geblendet. Er geht mit der Schneekönigin und hockt in ihrem riesigen Palast. Nordlichter sind sein Dach. Dort versucht er aus Stücken von Eis sein Erlösungswort zu finden. Hoch konzentriert, nicht mehr nach rechts und links blicken könnend, kämpft er, grün und blau wie es heißt, mit dem Eis. Aber er schafft es einfach nicht. Er kann nicht mehr hinschauen und ist verkrampft.

Gerda aber ist noch voller verfügbarer Wärme ihres Herzens. Sie sucht ihn, und als sie ihn findet, umarmt sie ihn, küsst seine Stirn. Tränen fließen und der Splitter wird aus ihm gespült. Das Entscheidende dabei ist, dass daraufhin „die Eisstücke sich wie von selbst fügten und er war erlöst." Freiheit war das Lösungswort, und Freiheit ist wie Stille, ein Freiraum OHNE Rüstung und Lärm und schon gar keine Überdehnung, um sich zu schützen.

Ein Kuss kann aus Lebenslust erwachsen, und den Mund zum Küssen spitzen wir, wenn wir zeigen, dass etwas köstlich schmeckt. Und Kochen und Essen ist im eigentlichen Sinne ohne Lust und Genuss schlicht unvorstellbar.

Jeder weiß, was es heißt, wenn der Magen krampft. Wenn wir etwas nicht verdauen können. Es schmerzt höllisch.

Säuglinge, deren irdischer Stoffwechsel erst noch im Reifen begriffen ist, nehmen dankbar das krampflösende Kümmelöl an, was die warme Mutter- oder Vaterhand kreisförmig um seinen Nabel verteilt. Alles gemeinsam, die zärtliche Berührung, die Kraft des Kümmels und oft auch die sanfte Stimme entkrampfen häufig erstaunlich schnell. So ist es auch auf Ihrem neuen Weg. Sie können auch verkrampfen, wenn Sie sich auf Ihrem neuen Weg „überfressen" haben. Übertriebener Genuss kann genauso nachteilig sein, wie verweigerter. Auch hier gilt, auf sich und seine Sinne zu hören, sich nichts aufdrängen zu lassen aber sich selbst ebenso nicht zu zwingen. Es kann der Blick sich wieder einengen und für das erforderliche Maß ebenso verloren gehen, wie für die neuen, unvertrauten Wege.

Und, es können auch hierbei wieder Eindringlinge übersehen werden. Eindringliches aus Einflüsterungen, so vermeintlich farbenfroh und hell, wie die schönsten Pilze im Wald. Doch Vorsicht! Darunter, in der Dunkelheit, kann sich das dichteste Netz befinden, welches Sie wieder in alte Bahnen fesselt.

Damit sich während Ihrer weiter voran schreitenden Wandlung – bei der Sie womöglich überschwänglich und leichtsinnig werden – nicht wieder verschiedene Gefahren (z. B. veraltete Gewohnheiten) einschleichen, Sie nicht wieder verkrampfen wie früher oder offen werden, für alle möglichen Einwirkungen und Einflüsterungen, „rufen" Sie die Kraft des Kümmels. Ein wahrer Meisterkoch für Lebenslust.

Sind sie so weit gekommen, und Ihre Augen sehr müde von all der neuen Schauerei, wie auch den noch vorhandenen, „alten" Anstrengungen, mit Kraft durchblicken zu wollen, verlieren diese womöglich an Schärfe, entzünden sogar oder ein trüber Schleier legt sich wieder darüber. Auch das ist KEIN Grund zur Verzweiflung, findet sich doch ein stilles, von weitem unauffälliges Kräutlein, der Augentrost. Manche kennen es unter dem homöopathischen Namen Euphrasia.

Prinzessin Augentrost

Bescheiden und doch sehr klar, empfindsam, fast wie die Prinzessin auf der Erbse, widmet sie sich ganz unseren Sinnen, im Körperlichen vor allem unseren leidenden Augen. Doch wie es mit den Wesenskräften so ist, legt sich der Augentrost, diese Prinzessin mit den leuchtenden Augenstrahlen, gar nicht nur auf unsere Augen fest.

Ich erinnere mich an *zwei Erlebnisse*, wie sehr geblendet nicht nur unsere Augen sein können, sondern all unsere sinnlichen Wahrnehmungen. Geblendet von der Auslieferung an vorgegebene Wissenskonstrukte, die oft nur ideologische Illusionen darstellen. Man vergegenwärtige sich nur einmal das Thema des Wetterberichtes, auch Wetterprognose oder -vorausschau genannt. Bereits im Namen findet sich der Irrtum. Bei aller bekräftigten Wissenschaftlichkeit kann der Wetterbericht nur eine Hochrechnung des Vergangenen sein, im besten Falle, durch die Möglichkeiten des technischen Blicks auf Gebiete, die bereits das „neue" Wetter haben, welches in Kürze auch durch das Berichtsgebiet ziehen wird. Grundsätzlich aber ist es Theorie, das Werfen der Vergangenheit in die Zukunft vor unsere Füße der Gegenwart. Diese theoretische Hochrechnung gilt aber zumeist als tatsächliche Zukunftsschau, die zwar oft als unsicher belächelt, in unserer gegenwärtigen Wirklichkeit aber als wahr angenommen wird. Ich habe oft erfahren, wie Tage bis zu einer Woche lang, der Wetterbericht fünf, zehn, zwanzigmal am Tag immer und immer wieder drohende Unwetter oder auch nur Regenwetter für das Wochenende ankündigte und es doch nicht eintrat. Es ist einmal zu überlegen, was dieser

häufige „Genuss" dieser ständigen Drohung, meist gekoppelt an Nachrichtensendungen mit ihren, ebenfalls stets negativierenden Inhalten, mit dem Betrachter macht!

Nun zum ersten der beiden Erlebnisse:

Am Himmel ballten sich dunkle Wolken zusammen, selbst ein flüchtiger Blick konnte zeigen, welches Regenwetter sich da zusammen braute. Wind kam auf, ein Zeichen, dass es gleich regnen würde. Die ersten Spritzer berührten bereits die Haut. Da trat, wie mir meine Frau berichtete, aus dem Hauseingang eine von unseren früheren Mitbewohnerinnen, den Wäschekorb im Arm. Schnurstracks strebte sie dem Wäscheplatz entgegen, auf dem meine Frau damit beschäftigt war, die nahezu trockene Wäsche abzunehmen. „Aber, weshalb hängst Du jetzt noch Deine Wäsche auf?", fragte sie die ältere Dame. Die Antwort verblüffte mich damals, als ich davon erfuhr und sie erstaunt mich heute noch, je mehr ich darüber nachgedacht habe, auch wenn sie des Humors nicht entbehrt: „Der Wetterbericht hat keinen Regen angekündigt!"

Zu welcher Selbstblendung sind wir Menschen doch in der Lage! Welche Schöpferkraft schlummert in uns, wenn wir sogar in Anbetracht sinnlich selbst erlebbarer Wahrnehmungen, eine abstrakte Theorie für wichtiger nehmen, als den eigenen Blick zum Himmel? Ach, würde diese Kraft mit derartiger Heftigkeit nur in unsere sinnliche Heilung, unsere Lebenslust und damit in unseren Daseinsgrund fließen, anstatt in unsere ausufernde Entfremdung von unserer eigenen Natur.

Die Wahrheit, die darin zum Ausdruck kommt, ist die der völligen Auslieferung an Ideen und veräußerlichte Sinnesprothesen. Wie bereits des Öfteren angesprochen, können wir gar nicht anders, als uns nur im Rahmen der

„vorgefärbten, vorgefilterten" Daseinsweise bewegen, wenn wir diese nicht Kraft unserer Vorstellungsfähigkeit versuchen, von außen zu betrachten, indem wir sie kritisch hinterfragen. Verweigern wir uns dem, gehen wir dieser Daseinsweise auf dem Leim, wie jene Dame mit dem Wetterbericht.

Gleiches geschieht aber auch, wenn abstrakt vorgefiltertes, der Verwertung dienendes Bildungswissen über sinnlich erfahrbare Wahrheiten gesetzt wird. Was keine Ausnahme ist, sondern die alles beherrschende, automatisch gelebte Regel des gegenwärtigen gesellschaftlichen Selbstverständnisses.

Hier Erlebnis zwei:

Ein Kind erklärte mir, es habe gelernt und deshalb sei es wahr, dass wir Schärfe nur mit dem Rachen „schmecken" würden. Das stehe im Schulbuch und überhaupt in allen Büchern. Abgesehen davon, wie übertrieben diese Aussage betreffs „aller" Bücher sein muss, da es nicht „alle" Bücher gelesen haben konnte, sondern auch hier bereits etwas blind schluckte, was ihm offenbar vorgegeben wurde, vergaß es eigene sinnliche Erfahrungen. Also fragte ich, wie es war, als ich es an einer angeschnittenen Peperoni mit der Zungenspitze lecken ließ. „Es war dort scharf!", kam die prompte Antwort. „Und?", fragte ich und glaubte, ich habe es von der selbst erfahrbaren Wahrheit Kraft seiner eigenen sinnlichen und ziemlich schmerzlichen Erfahrung an der Zungenspitze von dem angelernten Wissen befreien können. Aber falsch gedacht. Er antwortete in tiefster Gewissheit: „Aber wir schmecken Schärfe nur mit dem Rachen." Pause. „So steht es im Schulbuch."

Es ist traurig und zutiefst erschütterlich, wie weit sich diese unsinnige Konditionierung inzwischen bereits in immer frühere Kindheitsjahre vorangefressen hat, vorangetrieben wurde.

Mir scheint, diese Blindheit all unserer Sinne, infolge der ihnen vorgegebenen Gewissheiten, ist die allergrößte Herausforderung, wenn man sich auf die Socken macht, um Hinzuschauen, wie es ist. Nicht andauernd hoch konzentriert sollte man sein, aber aufmerksam, wie oft sich das vermeintlich gelöste, sich von hinten wieder einschleicht.

Das eingangs erwähnte Hindurchfressen kann einem schon manchmal den Schneid nehmen und zweifeln lassen, ob man es schafft. Aber dann heißt es dranbleiben und es werden sich gerade in tiefster Not die Früchte zeigen. Es sind wundervolle, erfrischende Erfahrungen, wenn dann plötzlich der Schleier fällt und sich die bis dahin vielleicht nur gefühlten Widersprüche zwischen geglaubten Wahrheiten und sinnlich erlebtem Wissen auflösen. Wieder sehend, fühlend, schmeckend und riechend zu werden, auch dafür schenkt uns der Augentrost Kraft.

Fühlen wir uns dann, wieder sehend, fast wie neu geboren, doch auch erschöpft und sehnen uns samt unserer Sinne nach Ruhe, dann kann es sein, wir verweigern uns dieser gerade deshalb erneut, weil wir schlicht Angst haben, unsere begonnene Wandlung zu versemmeln. Wieder versuchen wir, sie erzwingen und stieren auf die „alten Bekannten", wo es der in Stille befreiten Sinne weiterhin bedürfte. Das Tagewerk, sprich das Hinschauen, ist eigentlich vollzogen, es darf geruht werden. Aber nein, abermals blenden wir unsere Augen durch Verweigerung natürlicher Bedürfnisse und auch Rhythmen. Viele Augen rötete bereits das elektrische Licht, obwohl es an der Zeit war, sie endlich einmal mit dem Sonnenuntergang zu schließen. Wir lärmen oft bis tief in die Nacht hinein, ebenso wie wir es vermeiden, die sich uns schenkende Stille des zunehmenden Herbstes und kommenden Winters in Ruhe anzunehmen. Auch Wandlung braucht die Zeit der Muße, des Reifens, des einfach nichts mehr Machens. Ebenso, wie Samen in der Erde liegen und reifen und erst dadurch im Frühling aus ihrer dabei gewonnene Kraft heraus, sich wunderschön als Blume entfalten. Auch Nichtsehen macht sehend!

So ist es erforderlich, um diesen ersten Kreis der Wandlung, der sich hier als Hinschauen, als Stille uns offenbart, gerade dadurch zu vollenden, in dem wir unseren Sinnen die Wohltat des Ruhens schenken. Ja, es ist in der gegenwärtigen Gesellschaftsform des Überblendens und Übersehens schwer aushaltbar, die Augen zu schließen und vertrauensvoll uns der dunklen Stille in uns anheim zu geben. Doch nur darin können wir heranreifen, bis wir die Kraft der Bereitschaft in uns gefunden haben, um die „Presswehen" zu erlauben, uns hinaus in unseren neuen Lebenskreis zu „treiben".

Haben Sie den Eindruck, es ist genug geschaut, genug geöffnet, genug der anschauenden Stille, dann schließen Sie Ihre Augen und wenden sich der Kraft des Augentrostes zu, der ach so klaren und empfindsamen Prinzessin, die genau weiß, „wo die Matratze drückt", um erholsame Ruhe zu finden.

Wie nun weiter? Soll das alles gewesen sein? Muss wieder das Müssen vollzogen werden? Oder gibt es andere Wege, die begonnene Wandlung fortzusetzen?

Dafür zeigte sich mir an einem doch recht regneri-
schen Tag und auf spielerische Weise die Wesenskraft des
Ahorns. Vielleicht weil ich von Kindesbeinen an die flie-
genden Nasen dieses Heilbaumes liebe, schenkte er mir
sofort die anstehenden Herausforderungen, die es für den
bevorstehenden Kreis zu meistern gilt:

Anstatt des ernsten Kampfes, den Mut zum Spiel der
Kräfte.

DER KREIS DES SPIELS
*„Bedingungslose Bereitschaft
ins Unvertraute zu gehen"*

DRACHENKÖNIG AHORN

Wer im Herbst, wie jetzt, da ich diese Zeilen schreibe, offenen Blickes die entflammte Schönheit der Ahornbäume in sich aufnehmen kann, wird mir sicherlich recht geben, wenn ich dieses Wesen als Drachenkönig beschreibe. Einem Wesen aus mythischen Zeiten – von manchen als Fantasterei verlacht, von anderen geliebt, ob seiner wilden Kraft. Aus diesem Für und Wider einmal herauszutreten, könnte manch übersehene Lösung aus festgefahrenen Umständen ermöglichen. Andere Fragen, andere Antworten.

Deshalb sei die Frage erlaubt, wie sich die Drachen selbst, angenommen es gibt sie, mit ihren innerem Feuer auseinander setzen. Ist es ein leichtes für sie, Feuer zu speien, so leicht wie uns das Spucken gelingt? Oder brauchen sie erst Anlauf, ehe sie in wilder Entschlossenheit, verbrannte Zunge und Lippen hinnehmend, einen Ball brodelnden Feuers aus sich herauswürgen und damit alles, was sich dem in den Weg stellt, zu Asche verbrennen? Oder, womöglich ist es ihnen nicht von Anfang an bewusst, über welches Feuer sie da in ihrem Inneren verfügen; frieren gar und erfrieren, obwohl sie es anders könnten. Vielleicht müssen sie es in einem schwierigen Prozess erst lernen, mit ihrem Feuer umzugehen, genau so mit ihrer Fähigkeit, zu fliegen. Ich weiß es nicht, und doch scheint sich gerade diese Kraft eines Drachenkönigs im Ahorn zu

verwirklichen. Eine Kraft, die nicht nur aus grünen Blättern ein Feuerwerk an Fantasie hervorzuzaubern vermag, sondern verrät, wie sehr scheinbar festverwurzelte, an die Erde gebannte Wesen trotzdem fliegen können. Mit ihren Nasen! Als Kind liebte ich es, sie dort, wo der Samen sich dick wölbte, aufzuspalten und mir auf die Nase zu setzen. Mir machte es Spaß, anderen damit eine Nase zu drehen. „Ätsch, bätsch!"

Außerdem frage ich mich des Öfteren, wenn ich an einigen, mir so sehr vertraut gewordenen Ahornbäumen vorbei komme, was eigentlich das Wesen dieses Baumes ist, der vor mir aufragende Riese oder die Nasen, die Propeller, die so lustig fliegen können? Womöglich auch beides? Doch wie auch immer, was mir besonders in Anbetracht dieses Wunderbaumes, der fliegen, färben und sogar helfen kann, Nasen zu drehen, bewusst geworden ist: Hinter all diesen erstaunlichen Erscheinungen, die uns so alltäglich umgeben, muss eine unfassbare Schöpferkraft mit viel Fantasie verborgen sein. Einfach nur „Dreck", der sich aus irgendwelchen chaotischen Zusammenstößen und Wechselwirkungen von Atomen oder meinetwegen Energien zu Ahornbäumen oder Schmetterlingen zusammenfindet, kann wohl kaum erklären, wie das möglich ist.

Ich las einmal, dass unser deutsches Alphabet so lange in einem Topf geschüttelt werden kann, wie dieses Universum laut Lehrmeinung besteht und trotzdem fügen sich die Buchstaben nicht zufällig zu Goethes Faust zusammen. Doch um wie viel komplexer ist allein unser menschlicher „Körper", von dessen Leberzellen bisher bekannt geworden ist, dass in jeder von ihnen um die 30.000 (Dreißigtausend) biochemische Reaktionen pro Sekunde ablaufen – von den noch unentdeckten ganz zu schweigen. Es sollte eigentlich deshalb außer Zweifel stehen, dass es schöpferische Kräfte geben muss, die Leben in all seiner unfassbaren Erscheinungsweise hervorbringen! Natürlich weiß ich nicht wirklich, was Leben ist, wo es herkam, wie es konkret entstehen konnte. Und doch scheint mir sicher zu sein, dass es so etwas wie Träume bedarf, aus denen sich all diese Vielfalt verwirklichte. Und, es bedarf ebenso sicher die Bereitschaft, deren Verwirklichung zu erlauben. Diese Bereitschaft, Feuer zu spucken, das schöpferische Feuer zu entfesseln, um all diese atemberaubenden Formen hervorbringen zu können, ist grundlegenden Voraussetzung, um dann, wenn man weiß, wo man steht, den eigentlichen Wandlungsprozess auszulösen. So wie die kreißende Schwangere irgendwann an den Punkt kommt, da sie das Feuer der pressenden Wehen erlauben „muss", OHNE zu wissen wie die Geburt ausgeht, so ist genau das notwendig, wenn eine Wandlung, eine Neugeburt durchgezogen werden will. Gleiches trifft zu, wenn stecken gebliebene Krankheiten zu Ende gelitten oder angenehmer ausgedrückt, geheilt werden wollen. Dabei können gerade die schlichtesten Gewohnheiten, die nebensächlichsten Überzeugungen die härtesten Gegner sein, denen wir uns zu stellen haben. Kein Wunder also, dass es einer wilden Drachen-Entschlossenheit bedarf, um diese „zu verbrennen".

Ich erinnere mich an ein Gespräch. Eine Frau mittleren Alters saß mir in der Praxis gegenüber. Ihr Leiden war ihr anzusehen, auch wenn sie es tapfer trug. Sie konnte gar noch lachen. Irgendwann fragte ich sie spontan, was sie jetzt, in diesem Augenblick am liebsten machen möchte. Sie antwortete ebenso spontan: *„Wieder einmal wie früher auf einer Wiese liegen und die weißen Wolken am blauen Himmel bestaunen!"* *„Weshalb machst Du es nicht?", hakte ich nach. Ihre Antwort war so ähnlich, wie ich sie schon viel zu oft hörte und lange Zeit selbst danach lebte: „Was sollen denn meine Nachbarn von mir halten?" Daraufhin meinte ich, dass vermutlich ihre Nachbarn sich aus gleichem Grunde nicht mehr auf die Wiese legen und Wolken anhimmeln.*

Auch darum geht es, wenn eine heilsame Veränderung bewirkt werden will, auf die vermeintlichen oder tatsächlichen Haltungen von „Nachbarn" gegenüber uns selbst endlich einmal pfeifen zu können. Meistens liegen wir sowieso falsch damit, was wir vermuten, was unsere „Nachbarn" von uns denken. Freilich, wir sind Meister der Gesichtsdeutung geworden, um bereits in vorausahnendem, ja, vorauseilendem Gehorsam „zu wissen", was die Anderen denken, um entsprechend darauf unsere Handlungen, Meinungen usw. abstimmen zu können. Doch was ist, überspitzt ausgedrückt, wenn der Andere gestern sein ganzes Leben umgekrempelt hat, aber sich ein jahrzehntelanges, mürrisches oder bösartiges Verhalten ins Gesicht eingegraben hat? Würden wir ihn nicht trotzdem noch als mürrisch oder böse deuten, obwohl er vielleicht nun das liebevollste Wesen auf Erden geworden ist?

Außerdem sind wir gar nicht bei uns, wenn wir uns immer und immer wieder zu mühen haben, den Anderen „zu scannen". Wir sind dann dort bei ihm und nicht bei uns. Ein Teufelskreis, der sich völlig automatisieren und in sich verschließen kann. Dann hilft wohl nur noch das Entfachen eines kräftigen Drachenfeuers, um sich daraus wieder frei brennen zu können. Wie das geht? Dabei kann uns der Ahorn ebenso begleitend unterstützen, wie die Erinnerung an unsere Kindertage – soweit deren Lebenslust nicht bereits geraubt und in disziplinierende Strukturen eingefroren wurde.

Seien Sie bereit dazu, anderen eine Nase zu drehen. Lieben Sie das Spiel Ihrer Fantasie? Dann wird es Ihnen gelingen, holprig vielleicht anfangs, aber nach und nach sich verändernd, und bald kräftig wie mit Schwingen eines Adlers, in neue Lebendigkeit zu kommen. Heilung, lebendige Wandlung, ist weder kriegerisch zu erzwingen noch abzuarbeiten, auch wenn wir das oft glauben mögen. Heil*arbeit* – ein Widerspruch in sich! Wir kennen es jedoch kaum anders. Weitere Beobachtungen unseres Alltags verraten diese Vorstellungswelt ebenfalls: *Im Fußballspiel geht es darum, den Gegner zu schlagen, vernichtend gar. Verändert sich das Wetter, ist es gang und gäbe, von Kaltfronten zu sprechen.* Sie kennen unzählige andere Beispiele aus eigenem Gebrauch. Eventuell kämpft aber der Winter nicht mit dem Frühling, sondern sie spielen miteinander. Vielleicht ist es kein Krieg der Elemente, sondern ein Tanz? Mir scheint, wir übertragen unsere „daneben" gegangene gesellschaftliche Entwicklung auf die gesamte Natur. Und „unnatürlich" ist eine, auf Konkurrenz fußende Lebensweise allemal.

Deshalb bedarf es unserer bedingungslosen Bereitschaft, sich von deren tief verinnerlichten Fesseln zu befreien, wieder zu träumen, uns der Fantasie zuzuwenden, mit Gedanken und Möglichkeiten zu spielen ... noch bevor wir das Neue verwirklichen. Zuerst „muss" es durch unseren „Kopf" hindurch, was schwer genug sein kann.

Wer hier angekommen ist, hingeschaut hat wie es ist, sich in die Stille der Anschauung genau so begeben hat, wie in die Ruhe des Reifens, und nun bereit für den nächsten Schritt ist, der wende sich an den Drachenkönig Ahorn. Er wird viel lehren und schenken, damit die Kraft der Bereitschaft aufzubringen ist, um entschlossen zu springen und fliegen zu können.

Gleichzeitig schenkt Ihnen der Ahorn die Kraft, im Spiel der Möglichkeiten einen kühlen Kopf zu bewahren, sich nicht blindlings ins Chaos zu stürzen. Er hat die Weisheit Entzündungen an Körper und Geist zu lindern. Trotzdem kann der Drachen mit uns durchgehen, können wir uns an uns selbst, aber auch an Anderen die Finger oder den Mund „verbrennen". Es macht ja keinen Sinn, sich der Vielfalt an Möglichkeiten und Kräften willenlos auszusetzen, wie ein Korken auf den Wellen eines tobenden Ozeans. Nein, wir sind Menschen! Wir brauchen auch dann, so drängend ein „Narrensprung" ins Unvertraute auch anstehen mag, neben der notwendigen Bereitschaft zu springen ebenfalls die bewusste Absicht, wofür er sich „lohnt". Dabei dürfen uns gern der behütenden Kraft des Frauenmantels zuwenden. Noch haben wir womöglich nicht die Stabilität und Erfahrung auf unserem neuen Weg gewonnen, um ganz aus unserem Eigenen heraus, unsere Fantasie und Lebenslust im Spiel zu entfesseln.

Ehe ich mich dieser behütenden Wesenskraft des Frauenmantels zuwende, noch ein Beispiel, worum es in diesem „zweiten" Kreis des Wandlungsprozesses geht:

Stellen Sie sich einen zukünftigen, völlig unbedarften Wildwassersportler vor. Er kann zwei grundlegende Wege wählen:

1. Er wirft sich von einem Felsen mit seinem Kanu in die Fluten. Er vertraut darauf, dass er positiv dabei denkt. Er hat weder seinen Körper trainiert noch jemals ein Kanu gesteuert. Von theoretischer Auseinandersetzung ebenfalls noch keine Spur. Das wäre doch einfach nur dumm, und die Chancen da wieder heil rauszukommen, sind schlicht gering. Wenn er Glück hat, wird er von Anderen gerettet. Das mag dem entsprechen, was unsere derzeit vorherrschende Weltsicht ist: Auslieferung an Anderes.

2. Er beschäftigt sich mit dieser Sportart, schaut hin, wie das ist, mit dem Kanu und dem Wasser und seiner eigenen Fitness. Er schaut sich womöglich verschiedene Wildwasserstrecken an und spricht mit erfahrenen Wildwasserkanuten. Irgendwann fühlt er sich dann bereit. Trotzdem bleibt Unbekanntes. Das ist der Punkt! Diesen kann allerdings nur er selbst vollziehen. Auch er steht nun vor dem tosenden Wasser, und er springt.

Sie brauchen bestimmt nicht zu raten, wer größere Chancen hat, nicht nur heil durchzukommen, sondern gar Freude daran zu finden, ein Erfolgserlebnis zu haben und deshalb weiterzumachen!

Natürlich wird selbst ein erfahrener Wildwasserfahrer in den meisten Fällen nicht auf Helm und Schutzweste verzichten. Warum auch, wenn es sie gibt. Doch wird einen solchen wohl niemand „feige" nennen oder ihn dafür verurteilen, er liefere sich an Anderes aus. Seien Sie mutig, drehen Sie Anderen spielerisch-heiter eine Nase und achten Sie ebenfalls darauf, sich gut zu behüten, um sich damit weder einzuengen noch auszuliefern. Eine solche Kraft ist der angekündigte Frauenmantel.

Schamanin Frauenmantel

Wenn ein Wesen in der Lage ist, zu schützen, ohne einzusperren, zu befördern, ohne zu überfordern, also wild entschlossene Bereitschaft zu bestärken und gleichzeitig Lebendigkeit zu bewahren, dann darf ich getrost von einer Schamanin sprechen.

Schamaninnen und auch Schamanen wissen um etwas Wichtiges: *„Gehe mutig in unvertraute Welten, aber tue das nie ohne klare Absicht, sonst wirst Du verrückt."*

Gerade zu Beginn dieses Weges kann sich eine Frage nicht oft genug gestellt werden: *„Worum geht es?"* Ein klarer Satz in wenigen Worten, um die wilden Wogen zu meistern, wenn Sie den „Deckel" anheben um „frischen Wind" heilsam in Ihr Leben zu lassen. Das ist lebenswichtig.

Stehen Sie endlich in schwindelnder Höhe, wie Sie glauben und sind sich völlig sicher, das es nur schief gehen kann, macht es Sinn noch einmal tief durchzuatmen. Es ist keine Schande zu zögern, Angst zu haben oder ein weiteres Mal abzubrechen. Genau dafür bedarf es den Zweiten Kreis des Lebens.

Mancher Unfall geschieht nicht nur aus Leichtsinn, sondern weil man sich gedrängelt fühlt und glaubt, sich zu blamieren, wenn man nicht springt. Ich erinnere mich an eine Redewendung meiner Großmutter, wenn ich machte, was beispielsweise andere Jungs von mir wollten: „Du springst wohl auch in den Teich, wenn sie es sagen?" Sie wusste aus bitterer Erfahrung, wie schlimm das enden kann: *Ihr einziger Bruder sprang in eine Wanne ungelöschten Kalks. Er hielt es nicht aus als Feigling verlacht zu werden, obwohl sein Zögern keine Feigheit gewesen sein mochte, son-*

dern das natürliche Empfinden vor drohender Gefahr. Das verständliche, urmenschliche Bedürfnis zur Gemeinschaft zu gehören, kann in „verdrehten" Kulturen zu einem schlechten Ratgeber werden und tödlich enden. – Die „brennende", durch den kochenden Kalk wie ätzend gewordene Kleidung schälte seine Haut gleich mit ab, als sie ihm herunter gezogen wurde. Er starb qualvoll.

Manchmal scheint es mir, als dass es besonders empfindsame Kinder, auch Erwachsene sind, die sich drängen lassen, etwas tun was sie nicht wirklich wollen, um dazu zugehören. Gerade diese Mischung aus natürlichem Zögern und blinder Entschlossenheit kann ins Straucheln führen oder schlimmeres. Wahrlich, es ist nicht immer leicht, solchen Hänseleien zu widerstehen. Es erfordert großen Mut, gemeines Lachen oder abfälliges Beschimpfen auszuhalten und nicht zu springen, wenn solche Freundschaften – die oft keine sind – auf dem Spiel stehen. Häufig steckt hinter den Anfeuerungen der vermeintlich Starken, Schönen und Großen blanker Neid, weil sie um ihre Mittelmäßigkeit wissen und danach trachten, Empfindsame, intellektuell Überlegene kaputt zu machen. Andere nieder drücken, um daneben größer zu erscheinen. Ebenfalls eine Erscheinung unserer, auf Konkurrenz gründenden „Gesellschaft". Natürlich offenbaren sich diese Vorgänge nicht unbedingt immer in solch drastischen Ereignissen. Viel, viel häufiger vollziehen sie sich unauffällig und banal in unserem Alltag. Da wird eine Hose als hässlich belächelt, dort ein Spielzeug als kindisch und hier ein liebstes Spiel als uncool verleumdet. Aber auch die mächtigen „Zaubersprüche" von Eltern und anderen Erwachsenen können natürliche, menschliche Empfindungen zu

Schwächen verbiegen, wie „Jungs weinen nicht!" oder „In Deinem Alter spielt man das doch nicht mehr!" usw.

Im Laufe der Zeit verlieren sich die Erinnerungen daran und die männliche Standhaftigkeit, selbst in Anbetracht größten Leidens nicht zu weinen, wird zu einer „zweiten Haut" als sei sie natürlich. Oder heiteres Spiel verwandelt sich in Kampf und Hass, die nur noch danach trachten, im Spiel den Gegner (wie verräterisch bezeichnet) zu vernichten. Teils rücken nahezu paramilitärische Einheiten in Fußballstadien ein, sich Fans nennend und angeblich nur Fußball genießend. Ihr Anblick straft sie Lügen!

Aber weshalb soll in einer auf Konkurrenz fußenden Gesellschaft Spiel anders sein? Dazu müssten wir endlich begreifen, das Gesellschaft, Gemeinschaft und Konkurrenz sich gegenseitig völlig ausschließen. Entweder miteinander oder gegeneinander, alles andere ist ein Unding, und Ungeheuerliches erwächst, wenn „gegeneinander" das Miteinander (was Gesellschaft an sich ist) gestaltet. Das muss unausweichlich zu dem führen, was wir derzeit zunehmend offensichtlicher beobachten können: Heuchelei und Grausamkeit.

Auf „Arbeit" wird gleichzeitig Konkurrenz und Teamfähigkeit gefordert. Oder tagsüber im „Wettbewerb" siegen und abends der liebevolle Familienvater, übers Jahr knallharter Unternehmer und zu Weihnachten mitfühlender Spender für die von ihm niederkonkurrierten Verlierer. Der sich aus dem ergebende „Riss" mitten durch jeden von uns – und keinesfalls nur Unternehmer – lässt sich natürlich mit Schönfärberei nicht wirklich kitten. Und jetzt, da jedes Entwicklungs- und Aufstiegspotenzial unserer Daseinsweise erschöpft ist, bricht aus deren Rissen kein Engel hervor, sondern das bürgerliche Ungeheuer, welches dieses künstlich konstruierte Subjekt schon immer war. Darum hüten Sie sich vor solchen inneren und äußeren Forderungen, immer noch ein bisschen mehr sich anzustrengen und auszuhalten. Verweigern Sie sich den „Einflüsterungen", nur im braven Arbeiten und stetigem Konkurrieren heilsame Erfüllung zu finden. Meiden Sie solche „närrischen Sprünge" in die ätzenden Verlockungen unseres umfassend tobenden „Wettbewerbs" – wie es auch die „Mutproben" nächtlicher Autorasereien oder das Überfahren unbeschränkter Bahnübergänge kurz vor dem nahenden Zug verraten (vor Jahren hier mit tödlichem „Erfolg" geschehen). Letztlich sind das pervertierte Initiationsversuche, mangels anderer, lebensdienlicher Möglichkeiten, die erfolgreich ausgemerzt wurden. Das lächerlich lauwarme „Ja-Sagen" bei Jugendweihe und Konfirmation wird dem längst nicht mehr gerecht, was die „einschießenden" Kräfte des Lebens erfordern.

Lassen Sie die Anderen reden, und gehen Sie Ihren Weg und springen Sie erst dann ins Unvertraute, wenn Sie wirklich bereit dazu sind. Sie werden es wissen, Sie spüren es, wann die Zeit wirklich reif dafür ist. Und Sie fühlen auch, ob Sie zu lange zögern oder eines behütenden Mantels bedürfen, wie sie Ihnen die Wesenskraft des Frauenmantels schenken kann, wenn Sie sich schutzlos machen, auf der Klippe stehen und dann unausweichlich zu entscheiden haben: Springen oder zurück gehen, ganz gleich, was die Anderen davon halten mögen. Eine andere Möglichkeit gibt es dann nicht mehr. Und beide erfordern Mut. Manchmal kann ein klares „Nein" Ihre Heilung sein! Die Bereitschaft, ganz gleich, was Andere davon halten, seine ureigene Entscheidung zu treffen und durchzuziehen befreit so viel Kraft, dass Wandlungen nahezu „spielerisch" möglich werden. Einfach, weil damit viele Krusten gesprengt und viele eingeschliffenen Bahnen verlassen werden können ... was mit Lauheit nicht zu schaffen wäre. Heilung fordert heraus!

SchamanInnen sind zäh, aber sie wissen sich zu schützen, ohne sich einzusperren. Sie brechen auf, in unbekannte Welten, trotzen Ungeheuern und wagen es, dem Tod ins Antlitz zu blicken UND, was vielleicht ihre eigenartigste Eigenschaft sein mag, sie sind bereit, ausgestoßen zu werden, ganz gleich, wie es schmerzt, um sich treu zu bleiben, um ihren Weg zu gehen, der immer auch die Gesundheit ihres Gemeinwesens beinhaltet. Darum sind sie bereit, rebellisch zu sein und auch störrisch, als seltsam verschrien zu werden oder auch als böse und unheimlich. Nicht, dass es an SchamanInnen vorbei geht oder es ihnen gleichgültig wäre. Oft leiden gerade sie als höchst empfindsame Wesen „wie ein Hund" daran, aber trotzdem wagen sie es.

Und im Augenblick der Bereitschaft, Ihren Sprung für Ihre Heilung zu wagen, sind auch Sie Schamanin und Schamane. Das geht nicht anders. Wobei sich gerade hier am deutlichsten zeigt, wie wichtig es ist, behutsam in solchen Augenblicken mit sich umzugehen. Zähigkeit aus Liebe zu sich selbst. Behutsamkeit, aus Weisheit um die eigene Verletzlichkeit, wenn Offenheit erforderlich wird. Nur Ungeheuer werden eine Gebärende verletzen können, doch es wäre naiv zu glauben, es gäbe keine solchen entmenschten Menschen.

Wer in Anbetracht des bevorstehenden Sprungs in die Tiefe noch ein kleines bisschen Gewissheit braucht, behütet in diesem wichtigen Moment seines Lebens zu sein, wer den Mut braucht, um noch einmal vom „Sprungturm" herunter zu steigen, selbst wenn er ausgelacht wird, aber auch wer weiß, dass er jetzt „springt" und doch etwas Trost braucht, wegen seiner eigenen Vorstellungen, was da alles Grausames passieren kann, der hülle sich in die wundervolle Kraft des Frauenmantels, dieser Schamanin des Grünen Volkes.

Aber selbst dann, wenn der „Sprung" beschlossene Sache ist, kann vielleicht sogar der behütende Mantel nicht ausreichen. Die Beine mögen weich werden und der Magen flau. Es mag einen schwindeln, der Schweiß ausbrechen und jede Kraft fliehen, die eben noch so kraftvoll Herz und Beine stärkte. Alles ist bereit und doch fühlen sie sich da oben, auf dieser schwindelerregenden Höhe Ihres „inneren Sprungturms" einfach nur beschissen. Ihre Hände krallen sich ans Geländer wie von allein, Ihre Beine wirken gleichermaßen kraftlos und steif durchgedrückt, und Ihr Magen drängt nach Entleerung und alles, was Sie wussten und vorher gelernt und geübt haben, ist wie weggeblasen. In diesem entscheidenten Augenblick zeigt sich Ihnen gern die Kraft der Schafgarbe.

MAGIER SCHAFGARBE

Mit Abschluss der zehnten Klasse der Allgemeinbildenden Polytechnischen Oberschule Scheibenberg, wie es damals hieß, wurde ich auch für die mündliche Musikprüfung vorgesehen. Mir wurde schlecht. Ich allein, vorn vor dem Lehrergremium inklusive dem Schuldirektor. Wie sollte ich das bloß überstehen?

Damals löste ich das Problem, indem ich mich zur Tafel umdrehte und das geforderte Arbeiterkampflied mehr oder weniger herunter rasselte. Bevor es jedoch so weit war und ich glücklich die Prüfung bestand, quälte ich mich wochenlang in Hinblick des Prüfungstermines. Damals suchte ich das Problem bei mir. Ich hielt mich für zu schwach, zu aufgeregt, zu ängstlich gegenüber den übermächtig erscheinenden Autoritäten.

Heute würde ich sagen, wie wenig solche Prüfungen vermeintlich wichtigen Wissens ganz und gar der menschlichen Natur widersprechen. Und doch sitzt der Respekt vor Hierarchien samt der diese verkörpernden Autoritäten schmerzlich tief. Auch ich erlebe mich heute noch des Öfteren, wie mir die Brust eng wird, wenn ich mich mit höhergestellten Funktionsträgern auseinanderzusetzen habe. Dann kann ich damit beispielsweise gut umgehen, wenn ich mir bewusst mache, wie unnatürlich diese Konditionierung ist, mir vorstelle, wie eine solche Autoritätsperson OHNE seine Machtstrukturen im normalen Alltag wirkt, ob nun kleckernd mit Tomatensoße beim Spaghetti essen oder auf dem WC.

So einfach, wie es eigentlich ist, so zäh können diese Verhaltenspuren unserer Ahnen in uns nachwirken.

Sie sind automatisiert, verinnerlicht und so, wie beim Pawlowschen Hund der Speichel floss, können wir zur Unterwerfung „dressiert" sein, OHNE es überhaupt zu merken ... schweißige Hände, Atemnot und Herzklopfen bis zum Hals inklusive. Doch seien Sie gewiss, auch Autoritäten haben das verinnerlicht und können es oft nur Kraft ihrer Position in Herrschaft übertragen. Sie würden augenblicklich bei „Rollentausch" ähnliches empfinden, wie der vorherig Untergebene. Mark Twains „Der Prinz und der Bettelknabe" zeigen das ebenso gut, wie das Märchen von „Des Königs neue Kleider". Erst das naive Kind, der freche Knabe, kann den Zauber brechen. Leider kann diese verinnerlichte Hierarchiekonditionierung Kraft ihrer ins Gefühlsleben herabgesunkenen Reflexhaftigkeit zu einem machtvollen Hemmnis für Ihre Wandlung werden. Sie kennen dass, wie sie augenblicklich reagieren, wenn Ihnen ein Polizeifahrzeug begegnet. Ein volles Programm von Selbstüberprüfungen läuft ab, um herauszufinden, was Sie falsch gemacht haben könnten.

Geraten Sie aber spontan in eine Situation, in der Ihnen erst im nachhinein bewusst wird, wie souverän Sie mit Autoritäten umgehen konnten, schwitzen Sie womöglich erst danach, doch Sie haben es nahezu spielerisch geschafft! Aber wissen Sie im vorhinein, was Ihnen bevorsteht, ob nun eine Prüfung, ein Arztgespräch oder die Begegnung mit dem Vorgesetzten, dann fühlen Sie sich gelähmt oder glauben, von außen gesehen recht erbärmlich zu wirken und vermeiden deshalb womöglich die Auseinandersetzung. Das kann so weit gehen, dass Ihr Magen revoltiert oder Sie eben selbst das versemmeln, was Sie sonst mit geschlossenen Augen schaffen würden.

Nein, solche Strukturen sind ebenso menschenfeind-
lich, wie die auf solche Weise abverlangten Prüfungen.

Doch es gibt auch andere „Prüfungen", denen sich aus
natürlicher Notwendigkeit heraus zu stellen ist, um weiter
lebendig sein zu können bzw. es wieder zu finden. Leider
werden gerade diese sehr viel häufiger verweigert als die
oben beschriebenen, künstlichen, die es tausendmal mehr
verdienen. Ich meine die Verweigerungen vor anstehen-
denden Wandlungsprozessen unseres irdischen Wesens
bzw. das Ausweichen auf Pseudowandlungen. Statt sich
zum Beispiel mit der eigenen Angst auseinanderzusetzen,
wird eine Tablette gegen die Angst geschluckt. Der Schritt
in einen neuen Lebenskreis bleibt offen, was über die Zeit
diesen immer herausfordernder macht und mit immer
mehr Kraft und Mut einfordert.

Ganz gleich, wo Sie gerade stehen, ins Unvertraute zu
gehen darf, ja muss entsprechende seelisch-körperliche
Reaktionen hervor bringen. Das ist natürlich und unum-
gänglich. Es geht doch dabei um Sie selbst, um Ihr Leben
und Ihre Gesundheit. Es geht um die bedingungslose
Bereitschaft, das Veraltete sterben zu lassen, um Raum
für das Neue zu schaffen, einen Raum, der natürlich um
ein vielfaches größer sein wird als der, den Sie verlassen
(müssen). Dafür braucht es Kraft und Entschlossenheit,
genauso wie Neugierde und unbedingt hellwache Sinne
und Empfindungen. Und eine davon ist die Angst mit ihren unangenehmen „Zeichen".

Ich bewundere die kleinen, ungeborenen Kinder. Sind
sie in ihrer behütenden Welt des Mutterbauchs herangereift, bis diese zu eng für weiteres Wachstum geworden
ist – wie Ihr zu eng gewordener Rahmen anzeigt, dass sie

gereift sind, und Ihre Schmerzen ein „wunderbares" Zeichen sind, wie reif sie für Ihre Neugeburt sind – gibt es selbst das Zeichen, endlich raus zu kommen. Es weiß gar nicht, welche Welt es empfangen wird. Ist sie freundlich oder feindlich? Ist sie laut oder leis, hell oder dunkel? Es weiß es nicht. Es wird auch nichts darüber wissen, wie groß sie ist und was es darin alles gibt. Nichts ahnt es von grellem Kunstlicht, brennenden Augentropfen, kalten Messinstrumenten, stechenden Spritzen und Blutabnahmen. Doch bin ich mir sicher, selbst wenn es davon ahnte, es würde kommen wollen. Und dann ist es da, in dieser neuen Welt, in diesem neuen Lebenskreis und kann noch gar nicht begreifen, wie riesig sie ist. Trotzdem ist es bewegt von einer unbändigen Leidenschaft, einer Lust auf das Leben als dass es sich von blauen Flecken und häufigem Stürzen abhalten ließe, diese Welt zu erforschen und immer mehr begreifend auszufüllen, bis es erneut an Grenzen stößt, die es zu einer erneuten Geburt herausfordert. Wir Erwachsene vermeiden leider oft sogar den Gedanke, ins Unvertraute zu gehen, aus Angst hinzufallen und blaue Flecke zu bekommen. Wir scheinen uns gewiss zu sein, so oft wie wir Verletzungen davon trugen, dass es wieder nur schief gehen kann. Trotzdem ist das scheinbar so plausibel, wie es falsch ist. Wie oft wir auch in die Vergangenheit stürzten, sie ist vergangen. Es gibt keine Garantie, so sehr auch die mathematische Wahrscheinlichkeitsrechnung uns anderes vorgaukeln möge, dass es wieder daneben geht. Die Wahrscheinlichkeit ist nach dem ersten Sturz nicht weniger und nach dem tausendsten nicht höher. Aber Statistiken und Wahrscheinlichkeiten haben sich in uns zu Wahrheiten verdichtet. Wie falsch wir damit liegen können, zeigt folgendes, spaßige Beispiel, was ich einmal hörte:

Schießt ein Jäger einmal links vom Hasen vorbei und dann rechts daneben, ist der Hase statistisch tot. Der Hase kümmert sich aber nicht um diesen, sich daraus ergebenden Mittelwert, und hoppelt munter davon.

Ja, Hasen sind, was das betrifft, sicherlich „gescheiter" als wir Menschenwesen, die wir uns so sehr durch blinde Automatismen und Glaubenssätzen von unserer eigenen Natur extrem entfremdet haben. Doch auch Schafe sind nicht so dumm, wie sie manchmal in unseren Augen erscheinen mögen. Sie wissen, was ihnen gut tut. Nicht umsonst wurde ein wirkmächtiges Pflanzenwesen nach ihnen benannt, die Schafgarbe.

Ist Ihnen also schlecht, möchte sich Ihr Magen umdrehen, drängt es Sie, die Flucht zu ergreifen, oder fühlen Sie sich so als ob Sie vor Angst gleich „in die Hosen scheißen" werden, aus Scheu vor dem Unbekannten, vor „natürlichen Prüfungen", die Ihnen von Ihrer eigentlichen Natur und für Ihre Lebendigkeit abverlangt werden, dann nehmen Sie in der Weisheit des Schafes die Schafgarbe an, um endlich trotz all Ihrer Körperreaktionen, Ihren Sprung ins Unvertraute, Ihren guten „Narrensprung" zu wagen.

Es kann es sein, Ihr bisheriges Selbstverständnis spielt Ihnen immer noch einen Streich, indem Sie glauben, es bedürfe einer stetigen und nie enden wollenden Selbstverbesserung Ihres Selbstes. So ist es üblich, so wird es inbrünstig verkündet, ja gefordert. Unzählige Seminare, Kurse, Schulungen, Ausbildungsprogramme und leider auch immer wieder esoterische Systeme locken andauernd in die Falle, sich ungenügend zu fühlen, das nie zu schaffen. Darin kommt ein ganzes, grausames Weltbild zum Tragen, wie es allerorten, insbesondere im Dogma von der Ursünde aufscheint. Aber gerade in den so genannten Demokratien liegen deren lebensbannenden Strukturen Weltbilder vom Menschen zugrunde, die diesen als zu zähmendes Ungeheuer betrachten. Doch wir Menschen sind grundsätzlich frei von Ursünde, wie wir auch keine wilden Bestien sind, die nur mittels gut-bürgerlichem Gesetzbuch, Arbeitszwang und Konsumsüße halbwegs friedlich zu machen seien. Freiheitlich-demokratische Marktwirtschaften gelten per Definition als unübertrefflich gut, was unweigerlich dazu führen muss, ein ebenso definiertes „bösartiges" Menschenwesen „konstruieren" zu müssen. Damit kann wirklich jede, gesellschaftlich hervorgebrachte Sauerei individualisiert werden, bestenfalls gilt sie als individueller Ausrutscher, schlimmstenfalls als böswillige Absicht, des an sich „bösen" Menschen. Aber das System ist „aus dem Schneider". Wie raffiniert und bequem! Aber das Gegenteil ist der Fall, wir werden erst zu bösartigen Ungeheuern, wenn wir als menschliche Wesen verhindert, von uns entfremdet und unterdrückt werden bzw. wir es verinnerlicht, automatisiert an uns selbst ausführen. Damit wir uns von diesen, tatsächlich äußerst dummen und doch so tief eingegrabenen und deshalb wirkmächtigen „Lügen" befreien können – auf das wir überhaupt die Notwendigkeit eines Schrittes in unvertraute Räume wahrnehmen können – auch dafür bedarf es der Schafgarbe. Sie kennt sich mit dem aus, was „Einschnitte" bewirken können (man betrachte nur ihre tief eingeschnitten Blätter), sowohl mit dem Heilen von körperlichen und seelischen Schnittwunden als auch mit der Erleichterung von Verhärtungen öffnender Schnitte. Wie sich ebenfalls das Schaf auskennt, wenn es beim Scheren von seiner „alten Wolle" befreit wird. Die Kräfte der Schafgarbe erleichtern uns von unseren „Panzern" und reinigen uns heilsam vom dabei anfallenden Schmutz. Die Schafgarbe, ein Magier!

Und dann springen Sie, laufen los, wagen die Geburt und, Sie stürzen in Dornen fremder Gemeinheiten, laufen in Messer böswilliger Absichten oder verletzen sich in strukturellen Ecken und Kanten, Spitzen und Löchern. Es schmerzt und Sie ziehen sich zurück, und lecken Ihre Wunden und sagen sich, lieber im Gewohnten bleiben zu wollen, als diesen Schmerz noch einmal auszuhalten. Aber das muss nicht sein, deshalb hat sich mir gleich nach der Schafgarbe zu meiner Verwunderung der Spitzwegerich gezeigt. Ich wollte schon vorbei gehen, meinte, die Schafgarbe kann das doch auch. Trotzdem langten meine Hände auf einmal danach und ohne dass ich mich versah, hatte ich ein Sträußlein davon gepflückt.

Wunderdoktor Spitzwegerich

Fast ein bisschen ärgerlich, wegen meiner vermeintlichen Unachtsamkeit überlegte ich, es wieder der Natur zurückzugeben. Doch wagte ich es nicht. Meine Erfahrungen lehrten mich, solches NICHT infrage zu stellen. So komisch, seltsam oder überflüssig es mir erscheinen mag. Ich bin schon mit Besuchern meiner Praxis unverzüglich hinausgegangen und auf Bäume geklettert, weil die Heilkräfte auf diese Weise am besten wirksam sein würden. Andermal erscheinen während einer Behandlung heilsame Pflanzenwesen, genau diejenigen, welche den Leidende helfen können. Und so war es auch an diesem Tag, mit dem Spitzwegerich. Seine Wesenskraft ist in der Lage vorausschauend Raum zu schaffen, um unser Wagnis heilsam zu erfahren. Es macht gar keinen Sinn, blindlings „ins Messer zu laufen". Es wäre fatal, anzunehmen es gäbe keine derartigen Gefahren. Dort, wo ständig Wettbewerb um Erfolg ist, kann es nur dann Sieger geben, wenn auch Verlierer von vornherein in Kauf genommen werden. Anders sind Sieger überhaupt nicht denk- und machbar. Das wird gern verdrängt und mit dem dümmlichen Allerwelts- und Totschlagargument, jeder habe die Chance zum Siegen, vom Tisch gewischt. Aber genau das ist undenkbar, denn, und das kann sich jedes Schulkind „ausrechnen", wenn jeder siegt, ist das so genannte Konkurrenzprinzip samt seinem angstgetriebenen Fortschrittswahn nicht mehr vorhanden. Darum werden Verlierer gebraucht, ebenso wie es diese beschriebene Selbstrechtfertigung der Sieger geben muss, damit sie ihr menschenfeindliches Niederkonkurrieren als Menschen überhaupt aushalten können.

Doch kann es auch sein, Ihnen nimmt es Luft, weil Sie auf einmal merken, wie Sie bisher lebten, oder Ihnen fällt es wie Schuppen von den Augen, in welcher verrückten Gesellschaftsform Sie leben. Und trotzdem sind Sie Teil davon, obwohl Sie diesen Schritt in neue, unvertraute, für Sie heilsame Räume wagen werden bzw. schon gewagt haben. Daher werden Sie wieder diese quasi giftigen Ausdünstungen von Medien und anderen Menschen in sich aufnehmen (müssen), eben weil Sie leben, gar nicht anders können. Deshalb ist es wichtig, sich in einer solchen Kraft zu befinden, mit der Sie diese „Gifte" ausleiten oder unschädlich machen können. Tatsächlich verfügen auch Sie über diese Fähigkeit. Aber es kann sein, sie ist Ihnen (noch) nicht wieder zugänglich und Sie brauchen einige Zeit eine weise Begleiterin dabei. Diese kann Ihnen die Wesenskraft des Wunderdoktors Spitzwegerich sein.

Als mein Großvater aus diesem grausamsten Krieg, den wir den 2. Weltkrieg nennen, zurückkehrte, zehrte an ihm eine schwere Lungenerkrankung. Oberflächlich betrachtet ist es nach heutiger Lehrmeinung eine absichtliche Infektion mit Mikroorganismen gewesen. Doch greift das sicherlich zu kurz. Weshalb sollten es Mikroorganismen bewusst auf gesunde Lungen abgesehen haben? Sie nutzen schlicht unsere Freiräume, die wir ihnen aus welchen Gründen auch immer, zur Verfügung stellen. Sie wollen und haben ein Recht darauf zu leben.

Ein solcher Krieg bietet „natürlich" beste Voraussetzungen für derartige Freiräume, da wir Menschen uns selbst nicht mehr leben lassen wollen. Das muss negative Folgen auf uns Menschen haben, nicht nur wegen der unsäglichen Strapazen – Großvater lief bis Moskau – sondern auch wegen der damit einhergehenden seelischen Befindlich-keiten. Es seien nur die täglichen Auseinandersetzungen und Verhärtungen in Anbetracht des Todes, des Tötens und der Möglichkeit, selbst augenblicklich getötet oder schwerst verletzt zu werden, erwähnt. Wie oft mag es mei-nem Großvater die Luft aus den Lungen getrieben haben? Wie oft mag ihm eng in seiner Brust geworden sein? Ich weiß es nicht. Er sprach nur sehr wenig über den Krieg.

Jedenfalls nahm er, nachdem er aus der Gefangenschaft heimkehrte, sich des Spitzwegerichs an – oder war es um-gekehrt – und presste sich mit einer Gabel dessen Saft heraus, um seine Lunge zu kurieren. Es gelang und trotz dass er Kettenraucher war, wurde er über zweiundachtzig Jahre alt.

Auch wir, obwohl gegenwärtig noch kein offener Krieg in Europa herrscht, leben alltäglich im Krieg: *Jeder gegen Jeden.* Denn, nichts anders ist die für so normal gehal-tene Konkurrenz. Wie oft nimmt es uns den Atem, und wie oft haben wir einen Schritt ins Unvertraute eines neuen Lebenskreises vermieden, weil wir Angst davor haben, ein weiteres Mal „ins Messer zu laufen", ein wei-teres Mal mundtot gemacht zu werden. Wie oft hielten wir den Atem an, wo ein klares „Nein" angebracht war, und wie oft stießen wir gepresst und dabei ängstlich lä-chelnd ein falsches „Ja" hervor. Und wie oft schluckten wir, atmeten wir dieses allumfassende Gift von Wahl-, Werbe- und sonstigen Plakaten sowie medialen Bildern ein und wissen nicht mehr, wie wir es los werden können. Womöglich haben wir nicht einmal mehr eine Ahnung davon, wie sehr vergiftet wir sind, welche geistige Sepsis uns zu töten droht. Doch begreifen wir es und wagen den

Sprung, müssen wir auch ein bisschen naiv sein … aber nicht dumm.

Wer also bedingungslos bereit ist zu springen, und so weit als möglich vermeiden möchte, „ins Messer zu laufen." Oder wer ahnt, es raubt ihm den Atem, was ihm dabei alles sichtbar werden wird und welche Gefahren des Vergiftens lauern, der nehme die Kraft des Wunderdoktors ebenso an, wie der, welcher bereits gesprungen ist und genau diesen Umständen sich ausgesetzt sieht.

Es kann sein, kaum dass Sie gesprungen sind, fliegt Ihnen ihre bisherige Welt komplett um die Ohren. Es schüttelt Sie durch, weshalb Sie laut aufschreien mögen: Genug!

Was zu verstehen ist.

Sie reiben sich die Augen und glauben nicht, wer Ihnen wie Hagen den Speer gerade in Ihre verwundbarste Stelle rammt. Gutgläubig, wie sie waren, bauten Sie gerade auf Denjenigen, der Ihnen vermeintlich zur Seite stehen würde, wie der berühmte Fels in der Brandung. Doch auf einmal verriet sich überraschend dieser „Freund" als der falscheste „Hund". Und trotzdem mühen Sie sich vielleicht immer noch dort, wo es längst vorbei ist mit Freundschaft und Miteinander, mit Verständnis und Verschwiegenheit. Ich weiß nicht, weshalb wir besonders dort, wo etwas vorbei ist oder unerreichbar, wir häufig so viel Kraft hinein geben, anstatt das zu sehen, was sich uns willig beistehen kann und will. Das Untaugliche reizt uns. Womöglich soll es unerreichbar bleiben, damit wir uns so schön im Leiden sielen können und sagen: *„Siehst Du, es wird ja so-*

wieso nichts!" Ein guter Grund, alles beim Alten zu belassen. Oder wir haben verloren, unseren Sinnen zu trauen, streben nach eingedrungenen Bildern, halten gar das Gift in hoher Dosis für die Chance unserer Heilung. Doch Vorsicht, das schöne Gesichtchen, die farbige Fassade, die säuselnden Worte von großer Liebe und großen Erfolgen können eine Fratze verbergen, die grausam danach trachtet, Sie zu vernichten. Naiv wie Siegfrieds Frau in der Nibelungensage, glauben auch Sie, Ihr Bestes zu tun und öffnen sich dann, wo es nötig wäre, sich zu verschließen, Ihr Geheimnis zu wahren. Es ist nicht leicht, gleichzeitig sich öffnend auf unvertraute Wege einzulassen, auch vorbehaltlos sich der Wandlung zu nähern, ja unbedingt auch sich Naivität zu erlauben, und doch zu beachten, dass es „süße Einflüsterer" geben kann, die danach trachten, Sie hinterhältig ins Verderben zu stürzen. Das ist Teil Ihres Wagnisses und so steht Ihnen auch dann, wenn Sie hinterrücks schmerzlich in Ihrem verletzlichsten Moment zusätzlich noch schwer verraten, verletzt und ausgestochen werden, hier die heilsamen Kraft des Spitzwegerichs bei, um die leider nie wirklich zur Gänze ausschließbaren neuen Wunden zu heilen.

Wie schwer mag es einem dann fallen, nicht zu verzagen und gar die Notwendigkeit zu erkennen, Ihren Sprung ins Unbekannte nicht ebenso verbissen ernst zu betreiben, wie das, was Sie in die missliche Lage brachte, die Ihre anstehende Wandlung erst erforderte, sondern zu spielen, zu tanzen, sich auch dabei Raum zu geben, für die Lust am Leben. Eine vermeintlich unlösbare Aufgabe, doch nicht nur nötig, sondern erforderlicher Teil der Heilung.

Bevor ich Ihnen aber das dafür heiter herbei flatternde Wunderwesen Birke nahebringen kann, nehme ich mir die Zeit, mit Ihnen eine Erinnerung zu teilen, als ich bereits eine gewisse Wegstrecke auf meinem neuen Weg vorangeschritten war:

Ich hatte hingeschaut, wie es ist, war gesprungen und hatte dafür so bunt und farbig von meinem Leben geträumt, wie es sei, wenn ich die Wandlung hinter mich gebracht haben würde, und doch traf mich nicht nur einmal „der Speer Hagens" hinterrücks, oder auf dem falschen Fuß, wie es heißt. Mein bisheriges Leben aufgelöst, die meisten Freunde Vergangenheit, auseinander gelebt oder längst nur noch hohles Ritual der Begegnung. Die Partnerschaft zerbrochen, keine neue in Aussicht und von neuen Freunden keine Spur. Um wie viel wichtiger mein Halt an einer vermeintlich tiefen, noch tragenden Freundschaft. Diese schien mich zu bestärken, mich zunehmend auch im Außen zu zeigen, zu dem zu stehen, was ich jetzt machte. Mir fiel es gar nicht leicht, meine schamanische Tätigkeit zuzugeben. Viele noch immer tief in mir eingegrabene Denk- und Handlungsabläufe warfen sich mir immer wieder in den Weg und jeder Einzelne war oft eine qualvolle Aufgabe, ihn zur Ruhe zu bringen. Auch auf neuen Wegen zeigen sich größere und kleinere Herausforderungen der Heilung, welche die hier in diesem Buch beschriebenen drei Kreise erfordern. Tatsächlich besteht unser gesamtes Leben andauernd daraus. Nur merken wir diese oft nicht als solche, weil wir sie, sind wir im Fluss unseres Lebens, sie gar nicht als solche wahrnehmen, sie schlicht vollziehen. So ist Leben und wir alle miteinander haben und bringen das.

Nun, freudig hatte ich einige neue Gedanken, wie ich die Tätigkeit in meiner Praxis besser beschreiben könnte als eine

Mail hereintrudelte, die mich doch plättete. Gerade das, was meinen neuen Weg ausmachte, fiel einer vernichtenden Kritik anheim und genau wegen dem, wolle diese Freundschaft ab sofort, aus heiterem Himmel, wie mir schien, nichts mehr mit mir zu tun haben. Ich fühlte mich verraten und fragte trotzdem nach, ob das wirklich so zu verstehen sei. Ja! Und ich lernte, nicht zu betteln und dem hinterher zu laufen, sondern auszuhalten, was ist, wie es ist. Eine sehr wichtige Erfahrung im Nachhinein für mich, wenn auch eine schmerzhafte.

Heute weiß ich und gestehe es auch zu, wenn Andere solche Entscheidungen treffen, damals war es wie Hagens Speer genau in das Kreuz auf meinem Rücken, welches ich selbst gestickt hatte.

Vielleicht war es meine noch immer fehlende spielerische Beweglichkeit, die mir fehlte, mein allzu ernsthaftes Betreiben meines neuen Weges, was mich zur willigen Zielscheibe machen konnte. Gelingt es uns zunehmend aus den veralteten Strukturen und Abläufen herauszukommen, Leichtigkeit bei unserem Voranschreiten zu gewinnen, ja in uns unvertraute Welten hineinzutanzen, wie es uns die Birke zeigen kann, dann verliert sich womöglich die Erfordernis, immer auf der Hut zu sein, zu glauben uns andauernd schützen zu müssen, sondern allein aus unserer gewonnenen Lebendigkeit heraus nicht mehr so leicht getroffen, verletzt werden zu können.

Freudenmädchen Birke

Wer an dieser Stelle stutzt und erwartet, Offenbarungen über käufliche Liebe zu lesen, darf sich gelassen zurücklehnen. Denn gerade um Käuflichkeit von Heilung geht es hierbei nicht, im gesamten vorliegenden Buch nicht. Heilung kann nicht konsumiert und zusammengekauft werden, wie Süßigkeiten in einem Supermarkt. Diese kann zwar für kurze Augenblicke die Bitternis eines kranken Lebens verscheuchen, doch wird diese nie in der Lage sein, wahrhaft süßes, sprich heiles Leben zu bewirken. Um heil zu werden, sprich die Süße des Lebens genießen zu können, braucht man durchaus die Bereitschaft, sich dem Bitteren zuzuwenden. Einen Kreis habe ich im vorausgegangenen Kapitel über das Hinschauen, wie es ist, vorgestellt. Gerade das kann sehr bitter sein. Auch die Erkenntnis, eine falsche Freundschaft gepflegt zu haben, darf bitter genannt werden. Und so wundert es nicht, wenn eines der heitersten Pflanzenwesen erstaunlich bitter im Geschmack ist. Gehen Sie hinaus, pflücken Sie ein Blatt der Birke und kauen Sie es. Das Bittere dieses fröhlichen Baumes wird Ihnen durchaus in Erinnerung bleiben. Wie kann das sein, mögen Sie sich fragen und womöglich keine Antwort finden.

Wirklich erschöpfend werde ich Ihnen ebenfalls keine geben können. Doch erinnere ich Sie an eine fundamentale Wirkweise unseres Universums, die der Ähnlichkeiten. Womöglich haben Sie bereits vom so genannten homöopathischen Grundgesetz gehört: *„Heile Ähnliches mit Ähnlichem."* Dieses offenbart sich jedoch weitaus allumfassender als „nur" in der Homöopathie. Oft genug

leiden wir daran, dass wir etwas nicht verdauen können. Wir sind eventuell mit der Vielzahl der zu verdauenden Eindrücke ebenso überfordert, wie mit der industriellen Kost oder der Menge an Süßem. Unsere Leber, aus der eine unserer Verdauungssäfte quillt, Galle genannt, ist gallebitter, kommt nicht mehr nach, sie fließen zu lassen. Dann kann es sein, sie braucht Bitteres, um sich wieder zu stärken, vielleicht sogar zu erneuern, weil sie bereits geschädigt ist. Bitteres von einem Pflanzenwesen, um mit Bitterem Süßes zu verdauen, auf dass das Leben heil werden kann, um süß für uns zu sein. Erkennen Sie die Ähnlichkeit?

Natürlich ist es erstaunlich, wenn die unglaublich lebensstarke Leber überhaupt erkrankt, wenn uns eigentlich Nebensächliches aufregend „über die Leber läuft" und wir vom Schmerz der Leber, der Müdigkeit, andauernd schlaff und erschöpft werden. Es braucht erst enorm lebensfeindliche Umstände, zum Beispiel (eigentlich) unverdaulicher Nahrungsmittel, ehe es soweit kommt, bis unsere Leber „schwächelt". Und doch ist es eher Alltag als Ausnahme, dass es soweit kommt. Ist sie erkrankt, wird ihr gar noch die Aufgabe zugewiesen, unzählige Gifte in Form der einzunehmenden Medikamente verdauen zu müssen. Das kann ihr den Rest geben.

Wie stark die Leber tatsächlich ist, zeigt der Mythos von Prometheus, dem Feuerbringer der griechischen Antike:

Für seinen Frevel, den Menschen das Feuer gegeben zu haben, wurde er von den Göttern an die Felsen des Kaukasus geschmiedet. Doch nicht genug der Strafe wurde ein großer Vogel geschickt, ihn die Leber aus dem Leib zu fressen, täglich, wohlgemerkt, weil sie täglich wieder nachwuchs.

Tatsächlich kann sich eine weitestgehend zerstörte, auch operativ bis auf wenige Prozent entfernte Leber, wieder völlig erneuern. Vorstehender Mythos kann durchaus unsere heutige Lebensweise beschreiben, die offenbar in Ihren Auswirkungen noch schlimmer ist, als der tägliche Fraß an Prometheus' Leber. Damals konnte sie noch nachwachsen und sich vollkommen erneuern. Heute fressen die „modernen" Gifte, von den Medien bis zur Industriekost und der Medizin so sehr an unserer Leber, der Urkraft unserer Lebendigkeit, so sehr an ihr, dass sie einfach nicht mehr hundertprozentig hinterher kommt, um sich regenerieren zu können. Das ist wirklich eine ernsthafte Sache, die uns jede Lebenslust rauben kann. Umso mehr braucht es die bitteren Kräfte der Verdaulichkeit, um wieder heiter tanzen zu können. Eine, die beides in sich trägt, die heilsame Kraft der Bitternis – sie kennt sich damit aus, wie wir noch sehen werden – und die helle Kraft des fröhlichen Tanzes, ist die Birke.

Das tanzende Freudenmädchen Birke, sie trägt diesen Namen in ihrer lateinischen Bezeichnung bei sich, muss wahrlich ein heiteres, sonniges Gemüt haben, wenn sie selbst dort spielend Fuß fassen kann, wo alle Anderen dankend ablehnen würden. Sie besiedelte das bitter nötig habende Land nach dem Rückzug des Eises vor Jahrtausenden. Sie fliegt herbei und hüpft in enge Mauerritzen, um kräftig dort aufzuwachsen, wo es eigentlich nicht geht. Sie braucht viel Wasser und doch wächst sie dort und lässt spielend Ihre Blätter mit dem Wind tanzen. Ich frage mich, wie es ihr gelingt, genügend zu trinken, wo nur trockenes Mauerwerk ihr Halt gibt? Vielleicht aus der Luft?

Vielleicht aber tanzt Sie es auch selbst herbei, kann aus Staub Wasser zaubern? Sie lächeln? Wer weiß!

Auch Sie kommen vielleicht aus der Trockenheit, eines zunehmend bitter gewordenen Lebens. Vertrocknet zwischen all den künstlichen Räumen, ausgetrocknet von zuviel Süßem. Welkend im schrillen Lärm der Medien und einsam unter vereinzelten Einsamen, wie es die Konkurrenz erfordert. Sie dürsten nach Lebendigkeit und Freude und finden doch keinen Ausweg, obwohl Sie doch eigentlich auf dem Weg sind?

Denn für sich allein ist es nicht möglich die grundlegenden Umstände einer alles durchdringenden Lebensweise zu verändern oder gar zu verlassen. Sie sind Teil davon, haben diese von Anfang an verinnerlicht, weil Sie in sie hineingeboren und deshalb so sozialisiert worden sind. Und doch gilt es Freiräume zu schaffen, die es trotzdem gibt. Diese lebensfeindliche Gesellschaftsform ist nicht lückenlos. Sie hat trotz ihrer allumfassenden Herrschaft Lücken, Ritzen, unerkannte Höhlen und Schattenräume, in denen sie nicht eindringen kann! Das ist unglaublich wichtig, zumindest dieses anzunehmen, falls man es nicht glauben mag. Unsere Träume sind frei, selbst wenn wir Sie manchmal in Ketten legen. Allerdings ist die versachlichte Herrschaft in unserer „modernen" Gesellschaftsform so alltäglich geworden, dass wir sie gerade dort nicht als unglaublich fest erkennen, wo sie am unauffälligsten daher kommt. Wie schnell gewöhnen wir uns an Bequemlichkeiten, wie die der Aufzüge, fahrenden Blechhaufen und klimatisierten Räume. Wie schwer mag es jemanden gehen, sich wieder davon zu lösen, der über Jahre und Jahrzehnte sich in eben solchen Räumen bewegte bzw. sich bewegen ließ. In der Wohnung klimatisiert und elektrifiziert, im Treppenhaus, im Fahrstuhl, in der Tiefgarage, im Auto gleichermaßen; und von dort hoch bis ins Bürohaus. Wieder Tiefgarage, Aufzug, Treppenhaus und Büro. Alles künstlich, klimatisiert, synthetisch ausdünstend, künstliches Licht und künstliche Bilder. Auf den Straßen mit Kopfhörer und Bildschirm vor den Augen, wie das Brett vorm Kopf, dazu auf zwei Rädern durch platte Straßen sich fahren lassend, wie schwerst behindert.

Es ist eine Kunst, sich der Künstlichkeit zu erwehren und wieder hinaus zu gehen, um sich natürlichen Kräften, natürlichen Reizen auszusetzen. Jahrzehnte in dieser bitteren Kunstwelt lässt einen einsam verbittern oder sogar die ebenso bitterlichen Medikamente in künstlichen Räumen der Krankheitshäuser schlucken.

Wer der Bitternis entfliehen möchte, wer wieder im warmen Sommerregen tanzen will, um sich der alltäglichen Künstlichkeit zu entledigen und Lust auf das eigentliche, sinnliche Leben verspürt, der nehme die Birke in den Arm, dieses reine, weiße „Freudenmädchen", und hüpfe übermütig ins Leben.

Trotzdem bestehen auch hier Gefahren. Selbst wenn Sie bereits auf Ihrem neuen Weg sind, können Sie erneut in alte Musterm und Abläufe verfallen. Nicht zuletzt deshalb, weil sich die Umwelt nicht mit Ihnen verändert, sondern häufig alles daran setzt, sie wieder in den gewohnten Trott zu bannen. Dabei ist es gleich, ob vorsätzlich oder strukturell-prozessiv. Deshalb ist es besonders wichtig, sich immer und immer wieder den Kräften des Spiels, des Tanzes und der Heiterkeit zuzuwenden. Wie anders kann Lebenslust Ihren Daseinsgrund sonst erfüllen?

Womöglich fragen Sie sich, wie Sie das bewerkstelligen sollen, wenn Sie allein, indem Sie Ihre Miete zahlen, die Semmel zum Frühstück kaufen, automatisch diese Lebensweise vollziehen und erhalten und damit wieder und wieder in diese Scheiße geraten müssen – weil wir ja selbst diese Lebensweise sind und sein müssen? Das ist die große Frage, die letztlich nur damit beantwortet werden kann, dass wir auf unserem Weg der individuellen Heilung niemals das Ziel der Beseitigung dieser Lebensweise und deren Aufgabe zugunsten einer lebensfreundlichen aus den Augen verlieren dürfen! Das es dennoch geschieht, liegt auf der Hand, wenn wir bedenken, wie sehr wir über Generationen daran gewöhnt sind. Damit wir aber wieder zurückfinden, bedarf es einen Anker in der „Zukunft", einen Magneten, und dieser ist der Traum von unserem Heilsein, der natürlich immer individuell beginnt und doch das große Ganze, den gemeinsamen menschlichen Traum von einer heilsamen menschlichen Gesellschaft beinhalten sollte. Anders geht es nicht, sonst scheitern wir irgendwann wieder.

Träumen wir also von unserem Heilsein, von unserer Lebenslust, schaffen wir damit erst einmal persönliche Freiräume innerhalb der jetzigen Lebensweise und ermöglichen uns aus diesen heraus weitere Träume für die große, anstehenden Aufgabe, diejenigen Bedingungen hinwegzufegen, die uns immer wieder neu erkranken lassen. Und vergessen wir nicht die Notwendigkeit, dass nur wir diese menschenfreundliche, an sich heilsame Gesellschaft erträumen können! Denn, es ist gewiss, von allein kommt sie nicht. Der Albtraum des Zusamenbruchs der jetzigen aber schon.

So vollendet sich und beginnt, im „dritten" Kreis Ihrer Wandlung, wie auch die der gesamten Lebensweise, alles mit dem Traum und wie Sie träumen.

DER KREIS DES TRÄUMENS

Erlaubnis,
kühn von sich selbst zu träumen

MUTTER HOLUNDER

Wir träumen immer. Fälschlicherweise nehmen wir an, nur nachts im Schlaf zu träumen. Ja, wir glauben geträumt zu werden, von einem inneren Dämon, dem Unterbewusstsein. Wir erleben uns so als wären wir unseren Träumen ausgeliefert, hinterfragen diese Annahme nicht und so füllen wir sie Kraft unserer Schöpferfähigkeiten mit „verkehrtem" Leben, weil wir so konditioniert sind. Der „moderne" Absolutheitsanspruch streckt seine Tentakel abstrakter Symboldeutungen bis in unsere Träume hinein aus. Das führt uns in die Irre. Wohl am meisten verlieren wir uns dabei selbst, liefern uns damit Anderem aus. Gerade weil wir das nicht für möglich halten, oft sogar abfällig belächeln, öffnen wir Tür und Tor für unzählige ideologisch gefärbte „Seelen-Eindringlinge" (fremde Glaubenssysteme usw.). Den angeschalteten Fernseher als abendliche Schlaftablette zu verwenden, um dann schlafend dessen Dauerberieselung ohne jede bewusst-kritische Abwehr sich einzuverleiben, entfremdet und macht einen glaubend, das unverdaut „geschluckte" Fernsehwissen sei selbst erfahrenes. Die Folgen gehen von Unruhe über rechthaberisches Verhalten, bis automatisierter Konsumsucht und letztlich auch seelisch-körperlichem Erkranken. Kein Wunder, muss sich doch unsere Seele allnächtlich durch diesen unverdaulichen Müll hindurchfressen anstatt sich in freiem Flug der Quelle unserer Lebenskraft

entgegen zu schwingen. Wenigstens noch eine Viertel-
stunde ohne TV-Konsum vor dem Schlafengehen sollten
wir unserer Seele gönnen – ein freier Blick zu den Sternen,
ein kurzer Spaziergang durch den Garten oder ums Haus,
ruhiges Sitzen vor einer brennenden Kerze – alles leicht
machbare „Reinigungen" unserer Seele von diesem ständigen medialen „Lärm".

Meine Kinder haben eine Hörspiel-CD zum Thema Pi-
raten. Auf ganz lustige Weise wird dort das Fluchen dargestellt, ganz so, als sei das eben witzig. Ohne Angst machen
zu wollen oder manchen, so genannten Aberglauben zu
bedienen, können Flüche durchaus Kraft entwickeln. Damit meine ich gar nicht diese Art von Verfluchen grausa-
mer Bösewichter, wie wir es aus Hollywoodproduktionen
kennen, sondern solche (negativen) Beeinflussungen, die
wir gar nicht als Fluchen wahrnehmen. In diesem Zusam-
menhang kann bei uns „modernen" Menschen eine Über-
heblichkeit wahrgenommen werden, die alle anderen
Weltsichten als primitiv und falsch belächelt, auch die unserer vorausgegangenen Ahnen. Im genannten Hörspiel
heißt es zum Beispiel, dass Hagel auf jemanden gewünscht
wird. Wer wird das heutzutage (zumindest öffentlich)
schon ernst nehmen? Doch die meisten Kulturen zu fast
allen Zeiten der Menschheitsgeschichte erlebten die Welt
zusammenhängend, als ein organisch lebendiges Universums. Aus diesem Verständnis heraus ist es durchaus
folgerichtig anzunehmen, dass kraftvolle Flüche Einfluss
auf das Wetter nehmen. Um wie viel mehr trifft das auf
uns Menschen zu, die nur im ständigem Sein individueller und gesellschaftlicher Beziehungen sie selbst sein können? Ein einzelnes „gehässiges" Wort kann gleich einem

sprachlichen Giftpfeil verheerende Wirkungen entfalten. Sind es etwa keine „Flüche", wenn man jemand anderem etwas Schlechtes nachsagt, also „Giftpfeile" abschießt, wie: „Was hat der denn für hässliche Hosen an!" So etwas kann sitzen, in einem weiterfressen, bis das Selbstbewusstsein in sich zusammenstürzt. Durchaus möglich und oft geschehen. Aber wir Heutigen sind gescheit und wissen ja, es gibt keine Flüche und Magie erst recht nicht. Wieso sprechen wir aber dann von den „Selbstheilungskräften des Marktes", dem „Zauber des Geldes", welches für uns nahezu gottgleiche Eigenschaften besitzt? Ohne Geld geht nichts! Es herrscht über uns, wie ein noch eifersüchtigerer, zornigerer und mörderischerer Gott als der biblische es ist.

Und ist es etwa kein magisches Denken, wenn wir unerschütterlich glauben, dass chemische Substanzen in Tablettenform gepresst, unser Leben nicht nur zu retten vermögen, sondern als so mächtig erscheinen, dass wir durch sie sogar heil gemacht werden können – verordnet von autoritären „Priestern" in weißen Kitteln und in unverständlicher Geheimsprache „murmelnd".

Magie, in versachlichter Erscheinung der Wissenschaft!

Und sie entfesseln rücksichtslos enorme Mächte, die „Magier in Weiß", wenn sie in absoluter Gewissheit, gottgleich solche Sätze aussprechen wie: „Du hast noch sechs Wochen zu leben!" Wenn sich dieser „Zauberspruch" kurz darauf erfüllt, gilt er nicht als Fluch oder bestenfalls selbsterfüllende Prophezeiung, sondern als absolutes Wissen hochgelehrter Experten. Die Wahrheit ist, dass diese „Weißen Magier" offenbar nichts von unserer erstaunlichen, menschlichen Schöpferkraft wissen, die so etwas zu

Wege bringen kann. Sie ziehen ja auch nicht in Betracht, dass die zum Zeitpunkt der Diagnose längst vor ihrer Vollendung stehende „Krebserkrankung" womöglich eine individuelle Schöpfung sein könnte – freilich unbewusst und schuldlos erschaffen. Gerade deshalb betreiben sie aber, hoffentlich ohne bewusste Absichten eine „moderne" Art schwarzer Magie.

All dem liegen natürlich auch Träume zugrunde, Träume von gottgleicher Macht über die Natur, über den Tod, über andere Menschen, ja, über sich selbst und nicht selten auch ganz banal, über Geld, Luxus und schönen Frauen. Dabei liegt es mir fern, allen unlautere Absichten zu unterstellen. Im Gegenteil, sie erwachsen aus einem gesellschaftlichem Selbstverständnis, was die vorstehend beschriebenen Träume zur Grundlage hat. Es sind allseits anerkannte Albträume, die automatisch verwirklicht werden und sich gerade deshalb mit unglaublich zerstörerischer Wucht erfüllen. Sich von diesen mächtigen „Flüchen", wie solche niederschmetternden „Voraussagen" über die Lebensspanne versachlicht bezeichnet werden, zu lösen, ist eine unglaubliche Leistung, weil auch der Kranke entsprechend sozialisiert (gesellschaftlich vorgeprägt) ist. Wie oft wird völlig unerschütterlich gesagt: „Das geht nicht!", „Das bringe ich nicht!", „Daran gehe ich zugrunde!", „Bei mir wurde ... diagnostiziert, ich habe noch ... Wochen zu leben!" usw. Sie kennen das. Im Negativen beherrschen wir die Kraft „zu zaubern", sprich schöpferisch zu verwirklichen. Jedoch tun wir uns schwer, wenn wir sie im Positiven, im Heilsamen für das Leben aufbringen sollen. Immer und immer wieder schrecken wir davor zurück, glauben es nicht oder scheuen es gar, weil es ja klappen könnte, mit der Heilung, ... „wollen wir die wirklich?"

Was für sich weitende Augen, was für weiß werdendes Gesicht, was für schweißige Hände habe ich schon erlebt, wenn ich keine Ausrede mehr zuließ, und der eigentlich Heilungssuchende vor die Möglichkeit seines Heilseins gestellt, erschrocken zurückwich!

Träumen ist die grundlegende Form unseres Bewusstseins. Und vielleicht ist das Träumen die schöpferische Kraft, die all dem zugrunde liegt, was wir Universum nennen. Also kommt es darauf an, wie und was wir träumen, denn dass wir träumen ist dann keine Frage mehr. Sehr wohl aber die, ob es Alb- oder Heilträume sind. In deren Beantwortung kann die Lösung verborgen liegen, welche bloß noch zu ergreifen ist.

Doch wir können auch fremde Albträume träumen, indem wir uns beträumen lassen, sprich fremde Träume unverdaut zu eigenen machen.

Es gab Zeiten, da erzählten Großmütter und sicherlich auch Großväter Märchen. Phantasievolle Geschichten am Feuer. Manchmal waren die Kinder dabei, manchmal lauschten sie heimlich, und sie träumten selbst, angeregt von dem, was sie hörten. Eine Menschheit lang saßen Menschen am Feuer, im Kreis, und träumten in Anbetracht des lebendigen Züngelns der Flammen. Sie reinigten sich sprechend oder träumend, von dem, was am Tage war, und sie träumten sich gemeinsam heil. In nur wenigen Jahrhunderten verloren sie das, wurden zu „Funktionären" einer „getöteten" Welt. Das widerlegen auch Religionen nicht. Im Gegenteil! Die Natur wird als tot erklärt und gedacht. Dieser Prozess wurde radikal vorangetrieben, durch den Austausch des lebendigen Feuers mit dem blauen, künstlichen Feuer der flackernden Bildschirme. Dazu weiter unten mehr.

Doch träumen wir wieder heil, erlauben wir uns die Welt als lebendigen unteilbaren Organismus zu erleben, wird es uns wieder möglich, unsere eigenen Wege der Heilung zu erträumen.

Wir stürzen in den Brunnen, der Weg zur Frau Holle. Dabei erleben wir das womöglich wie einen Tod. Doch kann nicht gestorben werden, ohne neu geboren zu werden. Auch das zeigt dieses Märchen, indem wir durch das Tor ins Leben zurückkehren. Das Märchen der Frau Holle verrät uns genau, wie Wandlungsprozesse, Heilungen ablaufen: *Hinschauen, Springen und Träumen.* Es ist ein schamanisches Märchen, eins, welches das Leben selber schrieb.

Lange ist es her, da saß ich im Winter auf dem Fensterbrett und blickte durch die damals noch genutzten Doppelfenster, um meinen Vater zu entdecken, wenn er von Arbeit nach Hause kam. Oft hauchte ich die wunderbaren Eisblumen ein wenig weg, damit ich durch dichtem Flockenwirbel etwas auf der Straße erkennen konnte. Allein das war ein Traum, und die Flocken erschienen mir als kleine Feen oder Engelchen, in silbernen Kleidchen, die lachend und spielend, vom Himmel tanzten. Vielleicht sind sie das ja auch! Zwischen den Doppelfenstern war genügend Platz, mir eine eigene Welt der Magie aufzubauen. Noch bevor es schneite, holte ich Moos aus dem Wald. Auf den Steinen an unserem Berg wächst genügend davon. Den trocknete ich auf den Kacheln unseres Ofens und legte es zur beginnenden Weihnachtszeit zwischen die Dop-

pelfenster. Dazu kamen Zapfen von Fichten, Kiefern und Erlen. Auch Eicheln und Kastanien nahm ich und natürlich als Erzgebirger so manchen Kristall, den ich im Wald, auf Feldern oder alten Bergbauhalden fand.

Ich hatte Zwerge, Rehe, Hirsche, Schafe und allerlei andere Gestalten aus früheren Zeiten. Gemacht aus Masse oder Pappmaché, wie sie manchem Erzgebirger zu magerem Auskommen verhalfen. (Mein anderer Großvater, leider im Krieg umgekommen, hatte einen Weihnachtsberg gestaltet. Davon waren noch einige Figuren übrig.) Aus all dem wuchs mein Märchenreich, in das ich mich oft genug, auch unterstützend durch die Zwergensagen von meinem Scheibenberg, hinein träumte.

Alles nur Spinnerei? Vielleicht! Doch gute, heilsame, gesund erhaltende und machende Träumerei. Selbst dann, wenn es keine Zwerge und dergleichen Wesen gibt, die Welt wirklich ganz tot sein sollte, was mir völlig unvorstellbar ist – wie soll etwas fühlen und lieben können, was aus „totem Dreck" sich erhoben haben soll – braucht unsere Seele diese behütenden, anschaulichen Bilder einer umfassend belebten Natur. Allein deshalb sollten wir sie uns erträumen, um gesund an Körper und Geist zu sein. Wie anders könnten wir ein dumpfes, totes Universum ertragen, das unendlich ist und in dem wir so sinnlos und ersetzbar erscheinen, als mit guten Geschichten?

Und eine gute Geschichte ist die der Frau Holle. Nicht umsonst wurde nach ihr (oder sie nach ihm) ein strauchartiger Baum benannt, der Holunder oder Hollerbusch. Frau Holle, die liebvolle und wilde Frau Erde in Person, gebietet über die elementaren Kräfte, ja über Leben und Tod selbst. Sie kann es schneien lassen und auch Sonne schenken. Sie schenkt uns allerlei Gaben, die wir als Talente mit in diese Welt bringen, und sie schenkt uns Ruhe und Erholung, wenn wir aus der „Mühe" des Lebens wieder Lust haben, heimzukehren in unsere Seelenheimat. Nicht umsonst nutzen wir auch heute noch den heilsamen Holunder, wenn wir krank geworden sind (erkältet von einer kühlen Welt). Wir trinken ihn als heißen Blütentee, machen süßen Sirup davon oder stärken uns mit köstlicher Holunderbeerensuppe, bevor der Winter sein Recht fordert, uns der Stille, der winterlichen „Depression" anheim zu geben. Nicht umsonst träumen wir im Dunklen besser und nicht umsonst ist die dunkle Jahreszeit die Zeit der Märchen und Geschichten, der heiligen und leider oft auch „unheiligen", verführerischen Geister.

Weshalb verscheuchen wir die Dunkelheit und füllen alles mit schrillem Licht? Wir scheuen diese selbst erschaffenen dunklen Geister, die sich unter all der Farbigkeit verbergen, wie die Fragen, die in uns hereinbrechen würden und uns auffordern, endlich herauszufinden, weshalb wir hier sind und wie wir unseren Lebenssinn erfüllend erleben können.

Bringt es uns wirklich etwas darüber zu wissen, welche einzelnen Vitamine und Mineralien die Heilkraft des Holunders ausmachen sollen? Was bringt es uns wirklich, zu wissen, wie sich nach der Zeugung das Zellwachstum vollzieht? Sicher, es mag interessant sein und aus schulmedizinischer Sicht sollen auf diese Weise Leiden vermieden werden können. Doch um welchen Preis? Ist es nicht tausend mal lehrreicher, zu verstehen, was Leben ist und weshalb wir hier sind, wenn wir erschauen, wie sich Leben vollzieht? Macht es nicht auch Freude, dafür Geschichten zu erfinden, die sich Kinder merken und worüber sie lachen? OHNE zu pauken und zu schuften? Gern erzähle ich augenzwinkernd auf meinen Kräuterwanderungen, zumal wenn Kinder dabei sind, was für einen Quatsch sie in der Schule lernen. Die Wahrheit mit dem Kinderkriegen, sei eine ganz andere:

Die Frau Holle hat nicht nur ein Federbett, was sie ausschüttelt, damit es schneit. Sie besitzt noch einige andere. Eines ist mit den ungeborenen Kindern gefüllt. Die lieben es zu spielen und zu fliegen, zu träumen und irgendwann wieder geboren zu werden. Sie haben einen Traum, der sie sehnsüchtig macht, der sie ins Leben lockt. Meint Frau Holle, es sei wieder an der Zeit, dann schüttelt sie dieses Kissen aus. Die Kinderseelen schweben vom Himmel und landen wo? Natürlich im Holunderbusch! In dessen Geäst lieben sie es, sich zu fangen und miteinander allerlei neckischen Schabernack zu treiben. Sie haben Spaß. Trotzdem fehlt ihnen noch etwas: die Fähigkeit mit Händen zu fühlen, zu schmecken, zu riechen und zu lieben. (Was nur als beseelte Körperlichkeit hier auf Erden geht.) Begegnen sich zwei Liebende und küssen sich, dann macht es plumps, und die junge Frau ist schwanger. Eine gute Ausrede, bei Heimkehr unter den gestrengen Mutteraugen. „Ich war's nicht, das lag am Holunder."

Was wohl nicht einmal völlig gelogen ist. Der Holunder ist so heilmächtig, dass er uns heil machen kann, schlechte Träume abführt und gute Träume anregt. Ein Wesen, welches über so viele Heilkräfte verfügt, auf alle unsere Organsysteme und unseren Geist zu wirken, um die sachliche Sprache zu nutzen, muss auch in der Lage sein, das Nest zu bereiten, um Kinder willkommen zu heißen. Der

Mutterbauch ist gut bereitet, wie unsere Seele, um gute Träume aufzunehmen, oder treffender ausgedrückt, selbst wieder träumen zu können.

Sehnen Sie sich danach, wieder in einer geborgenen Welt zu leben, die gut und voller Güte zu Ihnen ist? Drängt es Sie danach, wieder gut zu träumen, um aus dem Totpunkt Ihres Lebens, Ihrer Wandlung heraus in heilsamen Schwung zu kommen?

Wenn Sie unterkühlt von schweren Träumen sind, dann wenden Sie sich an Frau Holle, an den Holunder, wie Sie sich an ihn wenden, wenn Sie verschnupft sind.

Allerdings komme ich nicht umhin darauf zu verweisen, dass der Beginn neuen Träumens auch Gefahren in sich birgt, wie auch die Verweigerung, unseren Träumen überhaupt reale Wirkmacht zuzuerkennen. Das oben beschriebene Bild vom blauen Herdfeuer der bildschirmflachen Beträumer weißt darauf hin. Aus diesem Grunde braucht es eine gute Freundin, die aus dem Reich der Frau Holle, aus der himmlischen Tiefe der Erde emporwächst und sich uns gerade dort offenbart, wo die Erde durch unseren realisierten, technischen Albtraum zutiefst vergiftet und verletzt wurde, die Waschfrau Wilde Möhre. Leider ein Begriff, der negativiert eher nach einfachem Gemüt und unterer, sozialer Schicht „riecht". Doch was ist moralisch schlecht daran, arm und schlicht zu sein? Gründet nicht der Reichtum so mancher arroganten Herren und Dämchen gerade auf den Buckeln der Ärmsten? Erstaunlich, diese zu verachten! Welche Verdrängungsleistung eigener Verkommenheit. Doch will ich hier keine Urteile verkünden, sondern aussagen, wie weise mitunter das schlich-teste Gemüt und wie geblendet der gescheiteste Intellekt ist. Wolf-Dieter Storl schrieb in seinen Büchern auch von hochintelligenten Dummköpfen. Wie wahr. Ein solcher ist die sich mir nun offenbarende Pflanzenkraft überhaupt nicht, sondern tausendmal mehr und vielschichtiger.

Waschfrau Wilde Möhre

Wir haben viele Bilder im Kopf, fast von allem. „Einge-
pflanzt, mittels schulischer bis medialer „Einbildungspro-
gramme". Wir glauben oft, es seien unsere eigenen und
urteilen und handeln dementsprechend. Im Sportunter-
richt, vor vielen Jahrzehnten, spielten wir gern das Spiel:
„Wer hat Angst vorm Schwarzen Mann?" Und heute mag
man sich wundern, obwohl Fremden gegenüber offen,
weshalb trotzdem bei der Begegnung mit beispielsweise
Afrikanern „rassistische Vorurteile" aufblitzen. Ähnliches
mag hinsichtlich Angehörigen „niederer" sozialer Schich-
ten geschehen. Wir vergleichen dann vielleicht die „einge-
trichterten" Vorstellungen, wie jemand zu wirken hat, der
liebevoll über das Haupt eines Kindes streicht. Dazu mag
eventuell die herbe Liebe einer „hart gemachten" Frau
der Unterschicht nicht richtig passen. Doch um wieviel
liebevoller kann trotzdem das schlichte Streichen einer
rissigen Waschfrauenhand über die verfitzten Haare ihres
Kindes sein als die Liebesinszenierung mit fein manikür-
ter Hand aus vornehmen Hause. Sie haben bestimmt auch
solche „Vor"-Bilder in Werbespots oder Propagandafil-
men von Wirtschaftsvereinen gesehen, in dem eine kühle
Schönheit, eine Macherfrau in feinem Kostüm vor ihrem
Laptop sitzt, mit einer Hand tippt und mit der anderem
ihr Kind auf dem Schoß „liebevoll" ignoriert.

Auch der Wilden Möhre mag man nicht gleich wegen
ihres schlichten, herben Äußeren ihr liebevolles Wesen
ansehen. Ihre Wurzel hat bei weitem nicht diese appetit-
liche, rot-orangene Farbe, wie ihre gekünstelte Verwandte. Es ist ihr keine Last, sondern ihr Wesen, zu entgiften,

reinigend zu wandeln und behütend aufzunehmen. Betrachten Sie ihren verblühten Blütenstand, erkennen Sie darin eine Art Nest. Was für ein deutlicher Ausdruck, für die Kraft, behüten zu können, Schutz zu spenden. Und sie wächst belebend in Umgebungen, stinkend und dreckig, ähnlich den Orten, an denen wir uns in früheren Zeiten Waschfrauen vorstellen. So finden wir sie heute an dichtbefahrenen Landstraßen, auf Grünstreifen zwischen großen, innerstädtischen Magistralen, auf verdörrten, geschotterten Wegen, an Autobahnauffahrten und dergleichen. An diesen Orten dringen aus Verbrennungsmotoren heraus „schwere" Gifte tief in die Erde ein und vergiften den Boden. Ähnlich wie geschotterte Wege die Erde unserer Wäldern „vergiften", erdrücken und zudecken. Harte mineralischen Kräfte als Verwirklichung der „Träume" von Herrschaft und Ordnung, die lebendige Wildnis bezähmend.

Auch wir werden wieder frisch belebt, wenn wir uns unserer eigenen Natur, unserer wesenseigenen Wildnis mit neuen, heilsamen Träumen öffnen. Die Wildnis, überhaupt nicht als chaotisch-gefährliche Gegnerin gedacht und abgewehrt sondern als unverfälschte Lebendigkeit wahrgenommen, ist auch das Fauchen einer Katze, die Schönheit eines Kolibris, die Stille der Nacht oder das herzliche Lachen eines Menschen. Aber gerade dann kann es geschehen dass, wie des Öfteren hingewiesen, äußere „Gifte" und „Hartmacher" auf uns einwirken, in uns eindringen und unsere Träume vergiften, da wir deren Heilsamkeit am meisten bedürfen.

Wie war es einst, am Feuer, als wir Menschen im Kreise saßen und träumten? Erträumten wir uns zu Menschen, im hierarchiefreien Kreis, spielerisch befördert von der lebendigen Kraft des Feuers?

Unzählige Male erlebte ich an mir selbst, wie mich das lodernde Feuer, wie auch die glühende Holzkohle beruhigte, meinen Geist weitete, mir Geborgenheit und neue Träume vermittelte. Da schien ein kleiner Salamander glühend zu huschen, dort erwuchs ein Feuergeist, ähnlich dem aus der Flasche. Funken zischten gen Himmel, Sternschnuppen gleich, und die Wärme wärmte bis auf die Knochen. Betrachtete ich dabei Andere, die offensichtlich ebenfalls träumend mit dem Wesen des Feuers verbunden zu sein schienen, offenbarten sich mir Gesichter, die mir alle auf ihre Art von Weisheit und Tiefe durchdrungen wirkten. Sie kamen mir vertraut vor, wie auch fremd und geheimnisvoll zu gleich. Ein Blick hinter die oberflächlichen Erscheinungen, Blicke in die andere Wirklichkeit der Träume.

Entgegen vorherrschender Gewissheiten sind Träume ebenso wirklich wie unser alltägliches Wachleben. Sonst wären sie nicht! Auch Phantasie ist wirklich, weil wir sie haben! Versuchen Sie einmal, Unterschiede zwischen Ihren Erinnerungen an Ereignisse des Wachlebens und Ihre Erinnerung an erinnerte Träume zu unterscheiden. Merken Sie was? Es gibt keine, außer, dass Sie um deren unterschiedliche Herkünfte wissen. Ebenso wie die Erinnerungen des Wachseins wirken die der Träume fundamental-schöpferisch in unser gegenwärtiges Sein hinein, beeinflussen Art und Weise unseres Daseins.

Was natürlich nichts anderes heißt, als dass „mit"-geträumte Fremdträume ebenfalls in unserem wachen Dasein fundamentale Kräfte entfalten können. Alltäglicher Fernsehkonsum, wie auch aus anderen, strukturell vorgebenden Medien (diese aktuelle Gesellschaftsform erhaltende und befördernde Alltagsträume), können uns gleichermaßen unterschwellig krank machend verändern, wie es gesunde Träume heilsam vermögen. Doch wann kommen wir bei all der umfassenden Gegenwärtigkeit äußerer Bilder schon noch dazu, gut zu träumen?

Vergiftet von all den fremden Traumbildern, wie sie Bildschirme bis tief in unser Seelenleben hinein strahlen, eindringend wie böse Dämonen, ohne das wir ihnen Widerstand leisten können, weil wir deren Macht in unserer dummen Anmaßung nicht wahrhaben (wollen), wundern wir uns sogar, wenn wir nicht mehr gut schlafen können. Unsere Seele wälzt sich fiebernd in all dem schrottreifen Albtraummüll, um wenigstens gen Morgen ihre Flügel ausbreiten zu können, um in ihrer Seelenheimat endlich, sich erfrischen und stärken zu können, vielleicht auch zu erinnern, weshalb sie hier auf Erden gekommen ist. Und sage mir niemand, er ahne nicht wenigstens, was er sich damit antut, beispielsweise den Fernseher als Schlaftablette zu benutzen, nahtlos in die Albträume fremder Bilder hinein zu dämmern. Moderne Fernseh- und Kommunikationsmedien sind eines nicht: bloße Werkzeuge die wir bewusst gebrauchen und danach wieder weglegen können. Es sind aber auch nicht nur psychisch abhängig machende Drogen, schlimm genug, sondern mächtige „Götter", die zusammen mit ihrem Suchtpotenzial auch noch Informationen völlig widerstandslos tief in uns einsickern lassen und verankern können. Informationstechnologien haben, nebenbei gemerkt, eine unglaublich verräterische Namensgebung erfahren. Technologien, um etwas zu formen: *„In-Form-ationen gleich In Form brin-gen!"* Es geht demnach überhaupt nicht um Benachrichtigungen oder gar um Wissensvermittlung, so sehr das auch betont werden mag. Es geht darum, Menschen so in Form zu bringen, auf dass er Rollen, Funktionen, Zumutungen „absichtlich" willenlos erfüllt und entsprechend automatisch vollzieht.

Spüren Sie all das „Gift" alltäglicher Albträume? Sehnen Sie sich danach, im Traum endlich wird Lebenskraft in Ihrer Sie behütenden Seelenheimat zu erhalten? Und erleben Sie, wir Ihr neu beginnendes Gutträumen, wieder und wieder von den alltäglich gewohnten Albträumen bis in Ihre Wurzeln hinein droht zu vergiften? So öffnen Sie sich den Wesenskräften dieser schlichten Waschfrauenkraft, wie sie die Wilde in ihrer natürlichen Weisheit in Fülle hervorbringt.

Und dann merken Sie, es geht ja wirklich, das Träumen, das Hochhinausfliegen, in entweder längst verloren geglaubte Welten oder in ganz neue, unzählige Universen, deren Existenz Sie nie für möglich hielten. Und Sie werden davon wie berauscht und leichtsinnig. Sie drohen sich zu verbrennen oder zu verlieren an und in all diesen Kräften. Auch dafür erträumte sich die Erde ein wundersames Wesen, die Sonnenwend-Wolfsmilch.

IKARUS SONNENWEND-WOLFSMILCH

Des Öfteren schon begegnete sie mir. Jedesmal wieder erstaunt, betrachtete ich ihre rundum harmonische Schönheit, ihre ungewöhnlich grün-gelben Blüten. Wie nur gelang es ihr, diese eigentlich kontrastarme Buntheit zu einer solchen Leuchtkraft zu verwirklichen? Und doch zog es mich bisher noch nie wirklich zu ihr hin, ich registrierte sie eher, als das ich mich von ihr angezogen fühlte. Und dann das! Ich versuchte an ihr vorbei zu schleichen, sprach mit ihr, verhandelte, doch sie rief mich unerbittlich. Offenbar wollte sie unbedingt für dieses eine Gruppe des Schwitzhüttenrituala vorgestellt zu werden. „Aber ich kenne Dich nicht!", schrie ich sie an, und sie schwieg und lächelte, und mir wurde klar, nicht ausweichen zu können, mich wieder einmal auf etwas Unbekanntes einzulassen. Was blieb mir übrig als zu tun, was ich unzählige Male anderen selbst vorschlug, ins „kalte Wasser" zu springen; in der Hoffnung, es wird schon gut gehen. Und es ging nicht nur erstaunlich gut, sondern sie schenkte mir ein solches Wissen von sich, dass ich es jetzt gern niederschreibe und weiter gebe.

Sie kennen es sicherlich auch. Sie haben etwas Neues gelernt, hatten bereits einige Erfolge damit und dann, ohne es bewusst zu gestalten, werden Sie leichtsinnig, gar hochmütig dabei. Das geht so lange gut, bis Sie sich womöglich fürchterlich „verbrennen".

Ich erinnere mich gut an solches Verhalten bei mir, als ich meine ersten schamanischen Erfahrungen hinter mich gebracht hatte, eben so, wie mir die ersten Erfolge eigener Heilpflanzenwanderungen beschieden waren. Ohne es damals

DIE DREI KREISE DES LEBENS

selbst zu bemerken, stieg offenbar leichtsinniger Hochmut in mir auf. Großspurig aß ich auf einer Wanderung verschiedenste Kräuter, auch solche mit Giftanteilen. Auch mancher ungenießbarer Pilz war dabei. Ich wollte offenbar zeigen, was für ein toller Schamane ich sei. Doch nicht genug, gab es bei anschließender Feier auch noch verschiedene Alkoholspezialitäten, denen ich munter zusprach. Zunehmend fühlte ich mich in der Rolle eines großen Schamanen, glaubte, es zu sein. Der Absturz war nicht weniger heftig, als der des Ikarus. Glücklicherweise überlebte ich, obwohl mir sogar möglich schien, selbst den Roten Fingerhut in meinem Übermut noch zu wagen. Was mich davon abhielt? Ich weiß es nicht. Jedenfalls wurde mir das eine tiefe, lehrreiche Erfahrung, was geschieht, wenn ich die Achtung vor den Kräften dieser Welt verliere. Ich sehe mich heute noch, wie ich da im Wald lag und anfangs mich auskotzte und dann nur noch wie tot war. Ich blickte von außen auf mich. Meine Kinder holten mich zurück, als sie nach mir riefen. Danke!

Drängt es Sie, hoch hinaus zu fliegen, den Sonnenträumen entgegen, dann ist das gut. Aber vergessen Sie nie die Warnung seines Vaters Daedalus, sich nicht zu weit der Sonne zu nähern. Die Flügel seien mit Wachs gemacht und würden schmelzen. Ikarus erging es wie mir und vielen Anderen. Ein alltägliches Beispiel sei anhand von „Phase Zwei" der Fahrerfahrungen nach erfolgreicher KFZ-Prüfung vorgestellt. Bald nach anfänglicher Vorsicht kann sich der Glauben einstellen, routiniert erfahrener Kraftfahrer zu sein. Meistens erst ein überraschender Kontrollverlust über das Fahrzeug lässt einen wieder zur Besinnung kommen und den anmaßenden Leichtsinn hinter sich lassen.

Ikarus stürzte ab und starb, wie es auch heute noch nicht jedem beschieden ist, diesen Höhenflug zu überleben.

Damit das nicht geschieht, braucht es eine erfahrene Kraft, die weiß, was es heißt, sich dabei verbrennen zu können, die Feuer ebenso kennt, wie ätzende Säure böser Worte. Die aber auch weiß um die unendliche Vielfalt von Welten und Möglichkeiten, die haltloses, anmaßendes Träumen kennt und weiß, damit umzugehen.

Sie hat ein Gespür dafür, von wo die Kraft des Lichtes kommt und auch, wenn es zuviel wird, zu heiß. Das ist leicht zu beobachten, wendet sie sich doch gern der Sonne zu. Daher ihr Name. Doch Vorsicht, Wissen ausschließlich dem gedruckten Wort bzw. dem den Pflanzen zugewiesenem Namen zu entnehmen! Das kann in die Irre führen und oft sogar manche Eigenheiten dieser „grünen" Wesen verbergen helfen. Deshalb verzichte ich vor allem anfangs gern darauf, nachzulesen, um mit meinen eigenen Sinnen ganz persönliche Eindrücke gewinnen zu können. Besonders halte ich es aber so, wenn es auf mehr ankommt, als „nur" einen Kräutertee zu kochen. Wenn es ums Ganze geht, um die zu berührende Seele. So offenbaren sich diese scheuen Wesen auf ihre eigene Art und, was sehr wichtig ist, OHNE von abstraktem Vorwissen eingefärbt zu werden.

Darüber habe ich schon einiges geschrieben, zu ihrem Namen brauche ich deshalb nur hinzuzufügen, dass er passend für das steht, was er ausdrückt, die Kraft der Wandlung UND die Achtung davor, nicht dann, wenn man glaubt unbesiegbar zu sein, gerade deshalb geschlagen zu werden. Die Wanderung der Sonne am Himmel offenbart die Kreise des Seins – Aufstieg – Höhepunkt – Abstieg.

Auch unser menschliches Leben lässt diese Kreise ebenso erkennen, wie auch einzeln betrachtete Phasen der Veränderung. Alles schwingt ineinander, das Große im Kleinen und andersherum. So ist jeden Tag Sonnenwende und einmal im Jahr Sommersonnenwende. Uralte Legenden berichten, wie der Sonnengott durch Lokis Trickserei mit einem Mistel-Pfeil auf dem Höhepunkt seiner Macht, im höchsten Punkt seiner Bahn des Jahreskreises, tödlich getroffen wurde und stürzte. Der Sonnengott lernt es offenbar nie – oder er weiß mehr als wir. Alle Jahre wieder steigt er auf und muss doch brechen. Das können wir von ihm ebenso lernen, wie vom ikarusähnlichen Wesen der Sonnenwend-Wolfsmich. Von ihr erhalten wir Begleitung, um nicht zu stürzen sondern zu reifen ... bis einer neuer Aufstieg herangereift ist, der nach dem Tod des „Alten" und der Geburt des „Neuen" wiederum drängt.

Haben wir uns dennoch verbrannt, weiß dieser pflanzliche und zutiefst weibliche Ikarus, wie mit den Verbrennungen umzugehen ist, um nicht daran zugrunde zu gehen. Sie kennt sich damit gut aus.

Fühlen Sie sich in der Lage des Ikarus, spüren Sie Leichtsinn oder gar Anmaßung, oder haben Sie berechtigte Ängste, sich bei Ihrer bevorstehenden Wandlung, bei Ihren zu vollziehenden Traumreisen zu verlieren, gar zu verbrennen? Oder wissen Sie um das ätzende Gift, was manche Neidhammel verspritzen bzw. alltäglich aus den flachen Bildschirmen speit? In diesen Fällen nehmen Sie doch die kenntnisreiche Wandlungs- und Heilkraft der Sonnenwend-Wolfsmilch an. Sie wird Ihnen gern davon geben.

Leider kommt es häufig vor, dass leichtsinnige Höhen-flüge, abstürzende Desaster oder schlimme Verbrennungen auf dem „neuen" Weg des Träumens dazu veranlassen, gleich wieder alles hinzuschmeißen. Das ist ebenso unsinnig, wenn auch verständlich, wie blindlings sich in die Sonne zu stürzen.

Nun, da Sie darum wissen, ist es an der Zeit, mit neuem Schwung und neuer Kühnheit und mit lebensnotwendiger Absicht, gar hinter die Sonne zu fliegen, noch tiefer in unvertraute Reiche einzudringen, um darin Ihre verborgenen Möglichkeiten zu entdecken und zu angeln.

Jetzt heißt es, hart zuzupacken und zäh festzuhalten, an dem was Sie inzwischen gelernt und erfahren haben, aber auch das, was wir als Chancen bezeichnen. Über eine solche Wesenskraft von Härte bei gleichzeitig, elastischer Zähigkeit, verfügt ein wahrer Sonnengott unter den Pflanzenwesen, die so klare Esche. Zäh, wie ein solcher wagt sie es immer wieder, hinauf zu steigen, bereit, auch zu fallen. Aber er fällt nicht wirklich, sondern steigt er herab, von seinem sonnigen Thron, um in der Stille des Schlafes (dem Bruder des Todes), sich den heilsamen Kräften der Erde anheim zu geben. Auf das er Kraft und Reife schöpfe, für einen neuen Aufstieg, oder um in unserem Thema zu bleiben, um herangereifte Wandlungen durch Sterben des Alten und Erlauben von Neuem, Unvertrautem, ebenso reifend zu vollziehen.

SONNENGOTT ESCHE

Niemand, nicht einmal völlige Laien, kämen auf die Idee, einen Axtstiel aus Glas zu fertigen. Er würde wohl bereits bei den ersten Schlägen in tausend Splitter zersplittern. Ebenso wenig, außer für Kleinkinderspielzeug, würde dafür Gummi oder weicher Kunststoff verwendet werden. Kein Nagel könnte damit eingeschlagen werden. Es braucht dafür, die eigenartige, einzigartige Kraft eines ebenso einmaligen Wesens, der der Esche. Sie vereint die scheinbar widersprüchlichen Kräfte von äußerster Härte und hoher Elastizität schöpferisch zu etwas Neuem.

Unsere Ahnen nahmen sie, um Speere und Pfeile daraus zu schnitzen, ebenso wie Wagendeichseln. Heute noch werden aus ihr Stiele gemacht, aber auch Hackstöcke, um darauf aus Sonne gewachsenes Holz anderer Bäume zu spalten. Und sie wird hart und härter, wenn sie sich durch unsere Anliegen auf das Feuer einlässt und anschließend ins eiskalte Wasser taucht. Ohne ihre Elastizität zu verlieren. Angespitzte Eschenspeere können in Feuer und Wasser ebenso gehärtet werden, wie Eisen. Erstaunlich! Diese Kraft zog mich jetzt auf sich, bat darum, sich mir und für Andere zu offenbaren. Sind wir in diesem Kreis angelangt, auf unserem Weg der Wandlung, bedarf es eines Rückgrates, wie dem Pfahl einer Esche. Es geht darum, auf äußerliche Hilfsmittel weitestgehend zu verzichten, um aus sich selbst heraus diese Eigenschaften der Esche zu gestalten. Aber es ist noch nicht wirklich so weit. Deshalb ist es auch keine Schande, und ist es niemals, Hilfe anzunehmen, wenn sie erforderlich ist. Wie genial, wenn die Wesenskraft der Esche einen jetzt dazu

verhilft, sich sogar in brennender Hitze zu stärken, statt, wie im vorherigen Schritt womöglich noch Verbrennungen zu erleiden. Und wie genial, wenn das sogar ein weiteres Mal geschieht, beim härtenden Sturz in die Kälte nach sengender Hitze.

Wohlgemerkt, keine Verhärtung aber Stählung OHNE Elastizitätsverlust.

Fliegen Sie jetzt hoch hinaus, weit hinter die Sonne oder drängt es Sie, in die Kraft der Sonne selbst sich zu träumen, kann es Klarheit, Zielstrebigkeit, Härte ebenso benötigen, wie Elastizität, um nicht mit dem Kopf durch die Wand zu schlagen, sondern die erfahrene Elastizität einzusetzen, um bei Bedarf auszuweichen. Andermal kann es aber nötig sein, einzudringen, hindurchzubrechen, eine Öffnung zu bohren oder auf dem Höhenflug, wenn doch einmal der Halt verloren geht, trotzdem nicht zu zersplittern, wenn es eine unsanfte Landung gibt.

Die Esche ist ein lichter Baum, geradlinig und doch erfahren mit Verhärtungen an Knöcheln und Gelenken, aber auch an Narben und Einkapselungen, wie sie sich durchaus bilden können, wenn man an seinem Weg dran bleibt. Heilung ist durchaus nicht immer ein Spaziergang. Er kann auch leidenschaftliches Dranbleiben, Härten und Zähigkeit erfordern UND man kann sich dabei Narben ebenso zuziehen, wie dicke Knöchel bekommen, weil man sich auch mal durchzuboxen hat. Wie die Esche dicke Rheuma- und Gichtknoten erweichen kann, so ist ihre Wesenskraft dazu bereit, in Ihnen solche energetisch-seelischen Knoten zu lösen. Außerdem sollte sich trotz, das Sie bis hierher gekommen sind, der Knoten immer noch nicht so gelöst haben, damit Sie mit Lust und Freude

DIE DREI KREISE DES LEBENS

weiteren Wandlungen entgegen sehen können, vertrauen Sie sich hierbei der Esche an.

Schrecken Sie infolge vorhergehender Verbrennung zurück, höher zu fliegen, haben Sie sich die Knöchel nicht nur wund gescheuert sondern auch verhärtet, fehlt Ihnen noch immer ein wenig innere Kraft und Elastizität, dann wählen Sie den Weg zur Esche. Sie wird Ihnen viel geben können.

Allerdings kann zu viel an Härte auch verhärten. Ebenso wie zu lange hart bleiben den Zeitpunkt der „Geburt" überziehen kann, weil sich, sinnbildlich gesprochen, der „Muttermund" schwer damit tut, sich mangels Geschmeidigkeit zu öffnen. Die Himbeere verfügt sowohl über die Weisheit, samt Mut, sich geschmeidig zu öffnen als auch die Dornen, die sich denjenigen schmerzhaft ins Fleisch bohren, die glauben, leichtes Spiel mit einem „weichen", nicht weichlich gewordenen Menschen zu haben.

Hebamme Himbeere

Ging es zu Anfang unseres, hier in diesem Buch beschriebenen Weges darum, Löcher zu stopfen und natürliche Öffnungen zu befördern, sind wir nun dort angekommen, wo Sie eine solche Stabilität gewonnen haben, um auf alles Äußerliche (eigentlich) verzichten zu können. Doch bedarf es noch eines letzten „Teils", eines Abschlusses, um eine Wandlung zu vollenden, die mutige Selbsterlaubnis zu Weichheit. Nur allzu gut wissen wir, wie schnell und brutal vermeintliche Schwäche, wie Warmherzigkeit, Bescheidenheit, Rücksichtnahme und Verständnis als mangelnde Kraft fehlgedeutet werden. So kann es Ihnen auch mit Ihrer neugewonnenen Geschmeidigkeit, Ihrer bisher unerlaubten Sanftmütigkeit geschehen. Damit Ihnen das aber nicht widerfährt, Sie sich auf diesem Finale Ihrer Wandlung nicht doch noch niederschlagen lassen, ist es völlig in Ordnung, wenn Sie sich auf die Dornen der Himbeere verlassen, so lange Sie noch nicht ganz in Ihrer neuen Kraft sind. Sie ist eine Hebamme, ein wahres Kräuterweib, das Ihre Neugeburt in Weisheit begleitet, aber auch für den nötigen Schutzraum sorgt, in dem keine unerlaubte Kraft eindringen darf.

Wandlung und Geburt sind zutiefst weibliche Eigenheiten und waren es in unserer Vergangenheit auch die meiste Zeit. Kein Mann durfte während der Geburt anwesend sein, nicht einmal, um das Wunder des Gebärens zu erleben. Das mag übertrieben gewesen sein, doch sie wussten damals genau: Lassen wir die Männer in einer von Männern beherrschten Gesellschaft zu, das Mysterium der Geburt zu bestimmen, wird alles, mit dem Weiblichen assoziierte

bald jegliches Recht verlieren, sich zu leben. Leider kam es genau so. Hebammen wurden verbrannt und zu Dienern der Ärzte gemacht. Diese erfanden die Geburtszange, um damit herrschaftlich und brutal, wie bei der Folter in Frauen einzudringen und erzwungenen Geständnissen gleich, das neue Leben ins künstliche Licht einer „neuen Zeit" zu zerren. Bis heute hat sich trotz vieler Hebammen wenig daran geändert. Immer wieder wird versucht, sie mit finanziellen Zwängen und gesellschaftlich-rechtlichen Gesetzen ins Abseits zu drängen. Immer noch dominieren Männer und männliche Kräfte das, was weiblich ist. Auch Männer werden (als kleine Jungs) von Frauen geboren, wie sie auch später als Erwachsene der Weiblichkeit bedürfen, um aus Wandlungsphasen heil und wie neu geboren hervorgehen zu können. Es kommt überhaupt nicht darauf an, dass es sich um einen konkreten Mann handelt, sondern es geht darum, was in dieser „bürgerlichen" Lebensweise als Mann (bzw. Frau) und männlich definiert und konditioniert ist. Auch Frauen können männlich leben und Männer weiblich. Was absolut nichts mit Homosexualität zu tun hat, sondern viel mehr mit gesellschaftlich vorgegebenen Rollen und Funktionen.

Als ich während der Geburt aller meiner Kinder anwesend war, erlebte ich äußerst anschaulich, was es heißt, sich als Frau ohne wenn und aber, ganz bedingungslos die wilden Kräfte des Gebärens zu erlauben. Auch wenn es mir als Mann leider verwehrt ist, das leiblich zu erfahren, erfüllte mich der dabei erschaffene, sich ausdehnende, heilige Raum mit Ehrfurcht und ließ mich tränenfeuchter Augen erschauern. Vor mir die Frau in ihrer heiligen, wildesten Kraft – und ich Mann durfte dabei sein. Welch ein bedingungsloses Geschenk! Fast mag nur die superlative Beschreibung, die „Große Göttin" selbst erscheine dabei, dem gerecht werden, und doch kann es nicht beschrieben werden, was sich da vollzieht.

Und dieser heilige Raum, diese Einladung der Großen Göttin ist erforderlich, wenn es um Ihre, um aller unserer Wandlungen geht, wenn wir ihrer bedürfen. Dafür kann die Wesenskraft der Himbeere eingeladen werden, denn genau so vollziehen sich wirkliche Heilbehandlungen. Für mich und meine Tätigkeit sind das unter anderem schamanische Heilrituale. Mit ihnen schaffe ich einen heiligen Raum und lade die Kräfte der Wandlung ein, um mittels starker „Presswehen" das neue Leben ganz hinaus in die unvertraute Welt schieben zu lassen. Einmal erlaubt, gibt es kein zurück, weder bei der Geburt eines Menschen, noch bei der Wandlung eines Heilungssuchenden. Solche Rituale sind machvoll, wie es das Gebären eines Kindes ist. Deshalb und weil es mir als wichtig erscheint, beschreibe ich in groben Zügen hier noch einmal das, was ich auf all den vorherigen Seiten ausführlicher darstellte, ein schamanisches Heilritual, wie ich es verstehe und durchführe. Oft zusammen mit meiner Frau, weil wir dabei einen heilsamen Kreis bilden, aus Mann und Frau und (noch) Leidendem.

Wir schauen gemeinsam hin, wie es ist, wir „fordern" bedingungslose Bereitschaft des sich selbst Gebärens (Wandlung) und wir erträumen gemeinsam das anstehende Heilsein. Dafür gestalten wir einen behütenden Raum und dafür laden wir natürliche Kräfte ein, uns zu unterstützen. Das können ebenso erlöste Ahnenkräfte sein, wie auch die sich offenbarenden Pflanzenwesen (wie hier im Buch niedergeschrieben). Aber es kann auch ganz anders sein!

Wohl gemerkt, es bedarf keiner festgefügten Systeme und deren sturer, unkritischer Anwendung erst recht nicht.

Um Systeme massenhaft anzuwenden, muss Freiraum eingeschränkt und blinder Glauben vorausgesetzt werden. Doch um Glauben geht es mir ebenso wenig, wie es die Pflanzenwesen bedürfen, sie anzubeten oder ihnen zu glauben. Heilung sollte unbedingt ohne Glauben auskommen, obwohl er manchmal durchaus förderlich sein kann. Erfahrungsgemäß verhindert er aber Wandlung, Heilung, Neugeburt viel öfters. Viel sinnvoller ist es, kritisch zu sein, auch zu zweifeln. Denn der Zweifel, nicht die Verzweiflung, hilft hinzuschauen, zu prüfen und zu verdauen, wie ich es eingangs beschrieb.

Bedürfen Sie also genau diese Kräften, um Ihre Wandlung zu vollenden, dann greifen Sie zur erweichenden Kraft der Himbeere und vergessen nicht den geschützen Raum während Ihrer „Geburt" in einen neuen Lebenskreis hinein, während der Sie natürlich sehr verletzlich sind.

Dabei sollten Sie sich stets erinnern, wer heil wird (und damit vielleicht auch heilig), der darf und wird auch „eckig und kantig" und das ist aushalten. Denn Heilung führt dazu, Ihre Einzigartigkeit wieder hervorzubringen, sich daran zu erinnern. Ist erst einmal die Katze aus dem Sack, darf sie auch widerborstig sein, fauchen und kratzen. Das ist gesellschaftlich überhaupt nicht gern gesehen, und vieles und nahezu alles versucht mit aller Kraft, Ihnen die Zähne zu ziehen, wie auch die Krallen zu beschneiden. „Die Zähmung der Widerspenstigen" ist keine heitere Komödie sondern alltägliche Tragödie. Das sollten Sie sich vergegenwärtigen, noch bevor Sie beginnen, sich auf den Weg zu machen. Es gibt kein Gesetz, was Sie zwingt, heil zu werden und ihre neu gewonnene Freiheit originär zu sein, auszuhalten. Sie dürfen sich auch weiterhin verbieten. In einer Menschenwelt, nicht dem Universum – das darf keinesfalls vermischt, gleichgesetzt oder verwechselt werden – kann dass durchaus der vermeintlich angenehmere Weg bleiben. Aber allemal besser als auf Heilung zu verzichten, ist es, manchmal das angepasste Kind, die gezähmte Widerspenstige nur zu spielen, anstatt wie bisher, so zu sein. Noch ist es unsinnig, in jedem Augenblick authentisch sein zu wollen. Das kann auf Dauer unaushaltbar werden. Aber wenn es darauf ankommt, dann treten Sie hervor und stehen für sich ein, dann zeigen Sie Ihre kräftigen Zähne und lassen die Krallen blitzen. Identifizieren Sie sich jedoch nie mit der braven Rolle, sondern spielen Sie diese mit einem Quäntchen gutmütigen Humors. Sie werden staunen, was Sie dabei alles erfahren, erleben und erkennen. Das ist weder Falschheit noch Heuchelei, sondern in unserer menschenfeindlichen Konkurrenzgesellschaft durchaus (über)lebensnotwendig, so lange diese noch so besteht. Trotzdem ist es gerade deshalb erforderlich, während Ihrer individuellen Heilung niemals völlig das Ziel grundlegend gesellschaftlicher Veränderungen aus den Augen zu verlieren um mit und für Ihre persönlichen Heilung auch die, der schwer kranken Gesellschaft zu befördern. Was wieder zusätzliche Freiräume für Sie individuell eröffnet. Ein sich wirklich Heilender wird immer auch zu einem Rebell werden und zu einem visionären Träumer. Nur so mag er dann noch „sauber" vor sich und anderem bestehen können. Selbst wenn es ihm gut geht, er in Wohlstand lebt, wird es ihm seine neue (moralische) Empfindsamkeit kaum mehr zulassen, anderes Leiden zu ignorieren oder es sogar billigend für seinen persönlichen „Fortschritt" in kauf nehmen zu wollen. Denn rein praktisch, wäre sonst diese individuelle Heilung nicht möglich fortzusetzen und zu vollenden. Es drängt ihn daher für sich selbst, das zu kritisieren und zu verändern, was krank, falsch, grausam und brutal an unserem gesellschaftlichen Dasein ist. Das ist deutlich viel mehr als wir uns oft eingestehen, und weder Ausrutscher, Ausnahmen noch Folge ursündiger Individuen. Darin offenbaren sich vielmehr Wesenseigenheiten dieses historisch durchgesetzten Systems automatischer Verwertung von allem und jedem.

Doch abschließend für diesen dritten Kreis des Lebens erinnere ich Sie durch die Wesenskraft der Himbeere, ja nicht den Genuss zu vergessen und sich für die Muße zu öffnen. Finden Sie Möglichkeiten, wie sie Lust und Liebe ohne „zusätzliche Anstrengungen" in Ihren Alltag integrieren können, in Ihren neuen Lebenskreis, den Sie nun tatsächlich betreten haben. Selbst dafür kann die Himbeere sehr einfach eingeladen werden. Schlicht, indem Sie diese köstlich Frucht genussvoll aufessen. Guten Appetit!

Obwohl ich nun auf meiner Reise der Wandlung an ein Ende gekommen bin, bleibt mir trotzdem noch etwas anzuhängen, was ich trotz vielerlei Hinweise bisher noch ungenügend beachtete. Es zeigt sich mir in der Frage, die ich bereits von Ihnen aus der Zukunft zu mir herüber hallen höre: „Aber wie denn, wie mache ich das denn alles, damit sich bei mir was ändert?" Darauf werde ich in den beiden folgenden Kapiteln eingehen. Ersteres nenne ich Absicht.

ABSICHT

Gleich zu Anfang ziehe ich Ihnen einen „Zahn", den zu glauben, es gebe ein fertiges Rezept oder allgemein gültiges System. Das gibt es, wie eingangs beschrieben, ebenso wenig, wie unpersönlich konsumierbare Medikamente, die Sie heil machen. Heilung, was gar nicht deutlich genug gesagt werden kann, ist weder von der Stange käuflich noch konsumierbar. Heilung bedarf viel mehr der Erlaubnis, heil zu sein. Sie ist weder ein fortgesetztes Selbstgestalten nach Plan, noch der Kauf von Therapien oder eines Therapeuten, und schon gar nicht das Hinsetzen und über sich ergehen lassen, bis alles gut zu sein hat. Nein, in meinen „Heilmethoden" braucht es immer die grundlegende Erlaubnis des Leidenden für sich selbst UND für den Heiler. Anders geht es nicht. Anderes erschafft alltägliche Illusionen, die Menschen zerstört, zerstückelt, amputiert und ausschlachtet. Leider wird nur allzu gern danach gegriffen, weil es gesellschaftlich konform geht und dem Funktionieren entgegen kommt. Nicht zu vergessen sind die strukturellen Zwänge für finanziellen Lohn sein Leben sichern zu müssen. Eine unsägliche Zumutung, der auch Therapeuten, wie meine Frau und ich, ausgeliefert sind. Aber gerade deshalb muss die Absicht der Behandlungen eine andere sein, wozu unbedingt Kritik und Veränderungswille gesellschaftlicher Leidensursachen gehört. Sie sind grundsätzliche Schlüssel, für jeden Aufbruch, für jede Heilung, wie es die Erlaubnis dafür ebenfalls ist.

Natürlich flutschen wir alle immer wieder in die Falle, vorgefertigte Wege gehen zu können, die maulgerecht konsumierbar sein sollen. So sind wir konditioniert, um nicht zu sagen reflexhaft dressiert.

Seien wir also nachsichtig mit uns, wenn wir wieder und wieder einmal bemerken, in die „alten" Abläufe gerutscht zu sein. Es ist ein Hindurchfressen, aus all diesen überstreiften, verinnerlichten Gewohnheiten. Aber es geht und ist möglich.

Entgegen dieser oft automatischen Absichten, die uns ausliefern und uns zu Automaten des Vollzugs gesellschaftlicher Regelkreise machen, bedarf es der Absicht, sich selbst zu erlauben. Das geht nur in Anerkennung unserer bzw. der Einzigartigkeit von allem was ist. Aus diesem Ansatz heraus wird verständlich, dass auch Sie als Mensch grundsätzlich einer einzigartigen Heilung bedürfen. Damit werden Sie selbst Ihr eigenes, einzigartiges „Heilsystem". Alles Andere kann nur Anregung und Kriterium sein, für Ihre persönliche Wandlung und für Ihr einmaliges Dasein. Entdecken Sie es, erinnern Sie es. Wenn ich etwas dazu beitragen bzw. mit diesem Buch Anregungen geben konnte, dann fühle ich mich sicherlich genau so zufrieden, wie die sich mir offenbarten Pflanzenwesen.

Während der Schwitzhüttenzeremonie gaben die TeilnehmerInnen das Kraut zusammen mit ihren Wünschen ins Feuer – und ein duftender Rauch stieg läuternd in die Höhe, ihrem heilsamen Wesen entsprechend die „Wunscherfüllung" träumend zu begleiten.

Einige Hinweise zur Absicht

Formulieren Sie Ihre Absichten kurz und knapp. Je klarer, umso besser. Fällt es Ihnen schwer, nur eine Absicht zu wählen, fangen Sie mit der einfachsten an. Es kommt gar nicht auf Perfektion an, sondern darauf, *dass Sie beginnen.* Es gibt kein zu klein oder zu wenig. Die kleinste, unauffällige Änderung, das kleinste Wagnis kann größte Folgen haben. Allein ein neuer, erlaubter Gedanke, ein gewagter unauffälliger Traum, kann wirklich alles verändern.

Vielleicht sind Sie es ja, der einen „Stein ins Rollen bringt", der entgegen aller voraussichtlicher, katastrophaler Zusammenbrüche, eine neue Welt herbeiführen kann, so wie ein Staubkorn (Kristallisationskeim), einen ganzen See augenblicklich gefrieren lassen kann.

Pflanzen schlucken und aufessen kann durchaus erstaunliches bewirken. Aber das mit Absicht und kreativer Einbildungskraft zu bestärken, was Sie sich „gutes" erträumen, kann Ihre Wandlung bis ins Innerste befördern.

Erwartungen sind etwas anderes als Absichten. Erwartungen machen eng, schmälern und trüben die Sicht, weil man nur das erwartet, was man sich vorstellt. Gesunde Wandlungen hingegen brauchen Weite, brauchen Spiel und offenes Träumen. Erwartungen bleiben im Warten auf etwas und zielen nicht wirklich auf die Erfüllung des „Wunsches". Diese wird Ihnen in dem Falle entfliehen. Sie haben sicher schon erlebt, das erst dann das Telefon klingelt, wenn Sie kurz unaufmerksam waren. Das wird Ihnen die Quantenphysik bestätigen, auch wenn wir diese Theorie nicht unbedingt brauchen, wenn wir die Welt offenen

Herzens anschauen. Unsere Ahnen wussten längst, was komplizierte Formeln versuchen zu beweisen:

Der Beobachter beeinflusst das Beobachtete.

Erschreckend zu bedenken, was mit uns infolge der allumfassend uns beobachtenden Digitalkameras geschieht.

Als junger Mann schlug ich einer Angebeteten vor, sie um 13.00 Uhr zu erwarten. Offenbar schätzte sie mich so sehr, das sie mich warten ließ. Nichts anderes schlug ich ihr vor. Als ich nach einer Stunde meinen Strohblumenstrauß – was anders fand ich damals zu Zeiten vor der Wende nicht – wütend in den Papierkorb schleuderte und nach Hause ins Internat ging, klingelte es kurz darauf und sie stand in ihrer wunderbaren Erscheinung vor mir. Es wurde ein schöner Herbstnachmittag. Ich hatte meine Erwartung endlich aufgeben können.

Wandlung kann ebenso wenig abgearbeitet werden, wie Trauer oder Liebe. Wie eingangs angerissen, gibt es keine Heil*arbeit* und kann es nicht geben, weil das Universum, das Leben nicht *arbeitet*, sondern konkret und sinnlich ist und wirkt und spielt und träumt, erschafft und so weiter. *Arbeit* ist ihm zuwider, es scheut sie, was sich auch daran zeigt, dass uns *Arbeit* entgegen aller Beteuerungen letztlich krank macht und von uns selbst entfremdet. Leider sprechen sogar schamanisch Tätige von schamanischer Heil*arbeit*.

Auch darum kann es keinen systematischen Ablaufplan geben, wie wir es uns so gerne wünschen. Heilung, wie das Leben selbst bedarf immer dem Wagnis der Geburt in Unvertrautes, anders ist es eigentlich nicht denkbar, obwohl immer wieder versucht wird, es zu überlisten. Fehlanzeige! Wir sind keine Computer, auch wenn wir oft zu solchen gedacht und gemacht werden (sollen). Wir sind weder programmgesteuerte Automaten, auch wenn wir als solche einsetzbar sind, ja, uns selber entsprechend disziplinieren. Aber selbst das zu vollziehen ist überraschen Ausdruck unserer enormen Schöpferkräfte. Aber mit den Bedürfnissen von Lebewesen, uns Menschen zumal, hat das nichts gemein. Der Versuch, unser Leben in Form maschinellen Funktionierens abzusichern, erstickt uns und lässt uns destruktiv erkranken, ebenso wie gewaltsam explodieren. Dafür opfern wir unsere Lebendigkeit und manchmal unser Leben. Krebs und Amok seien hier nur stellvertretend genannt.

Die unvoreingenommene, klare Wahrnehmung unserer „modernen" Gesellschaftlichkeit – ihre stahlbetonierten Funktionsräume, die straforientierte Gesetzgebung, die Mobilität an sich und so weiter – verrät viel mehr als ihr lieb sein mag. Aber sie kann nicht anders, als ungeheuerlich sein, trotz aller Schönfärberei ihrer willigen Funktionäre samt bunter Oberflächlichkeit von Transparenten, Plakaten, Verpackungen und medialen Bildern.

Deshalb finden sich lebensbehütende Möglichkeiten nicht in der Sicherheit des Konsums, in Filmen, Waffen, Computern und Systemen, sondern in allem, was wirklich belebt, erfrischt und sinnlich konkret erfahren werden kann.

Einige anregende Stichpunkte dafür sollen genügen, weil Sie selbst gefordert sein dürfen, sich zu erlauben. Und das setzt zuallererst die Bereitschaft voraus, die Lösung Ihres Problems jenseits von Konsum und fertigen Systemen für möglich zu halten und entdecken zu wollen:

Unvertraute Rituale ... barfuß im Regen ... Messer links statt rechts am Teller legen ... singen, ganz gleich wie falsch ... hässlich malen erlauben, nur sie brauchen Freude daran haben ... Spinnen ... andere Fragen stellen ... frech sein ... necken ... verweigern was sie für falsch halten ... Andere für Mitwesen halten, anstatt für Mitkonkurrenten ... usw.

Eine meiner wichtigsten Entscheidungen erlaube ich mir, Ihnen als eine von unzähligen Möglichkeiten mit auf den Weg zu geben:

Als Unternehmer im feinen Anzug, mit Krawatte und weißem Hemd, hatte ich zunehmend damit zu tun, meine Rolle aufrecht zu erhalten. Saß der Schlips gerade, war die Hose scharf gebügelt, war ich gut rasiert und machte ich mit meinem Gesicht auch keine unkontrollierten Bewegungen? Stank ich nicht nach Schweiß, war ich gut deodoriert? Jeder, mir seltsam vorkommende Blick ließ sofort ein ganzes „Räderwerk" an Gedanken in meinem Kopf „arbeiten". Ist da etwas an mir, was nicht stimmt? Sehe ich unansehnlich aus, habe ich etwas falsch gemacht? Es brauchte einige Anregungen, manche schmerzhaft, manche überraschend, manche bestärkend wie der Beginn, naturnahe Nahrung aufzunehmen, um endlich die Kraft und viel mehr noch Courage zu haben, wieder lebendig zu werden. In mir war eine tiefe Sehnsucht herangereift, wieder lebenslustig zu sein. Eines Tages entschied ich mich, ein Wagnis einzugehen, dem noch viele folgten – und sicherlich noch bevorstehen.

Jedenfalls zog ich meine wohl geputzten Schuhe aus, die Socken folgten, und lief barfuß und mit Anzug und Schlips durch eine riesige Kaufhalle. Und nichts geschah. Rein gar nichts.

Sollte doch jemand gesehen haben, wie ich daher kam, vermied er es zu zeigen oder es interessierte ihn nicht. Die meisten hatten sowieso damit zu tun, ihren Einkaufswagen nach der Straßenverkehrsordnung zu schieben. Aber für mich änderte sich nach und nach sehr viel. Ich hatte ein Wagnis gewagt, war durch einen engen Geburtskanal gegangen und hatte erlebt, was es heißt, durchzukommen, es SELBST geschafft zu haben.

Genau das wünsche ich Ihnen jetzt und für alle Ihre Wege, auf die Sie sich freuen mögen!

Vorschläge

Wenn schon Systeme kritisieren, dann mit allen Konsequenzen, also auch mit so weit wie möglich konkreten Anwendungsvorschlägen, ohne jedoch in systemische Verallgemeinerung zu verfallen. Der letzte, individuelle Schliff muss daher sowieso der konkret persönlichen Anwendung vorbehalten bleiben. Deshalb müssen solche „Rezepte" auch nicht automatisch wieder allgemeinen Charakter annehmen, obwohl natürlich die Herangehensweise darüber entscheidet. Trotzdem stellte ich mir gerade auch hier immer wieder diese Frage von individueller bzw. systemischer Anwendung und kam zu dem Ergebnis, dass es konkrete wie gleichermaßen für Ihre Anwendung offene Auswege aus dieser Zwickmühle gibt. Dafür bedarf es jedoch Ihrer Erlaubnis.

Erste Erlaubnis

Beginnen Sie damit, Ihre Wandlung auf eine solche, wie hier beschriebene Weise überhaupt für möglich zu halten. Fällt es Ihnen schwer, es nicht für lächerlich und wirkungslos zu halten, treffen Sie wenigstens für die Zeit des Versuchs einen „Vertrag" mit sich selbst: „Ich gehe jetzt davon aus, dass es so möglich ist." Danach können Sie wieder drüber lachen. Sie sind hierbei völlig frei in Ihren Entscheidungen. Und eine gesunde Skepsis ist tausendmal förderlicher als schwärmerische Gläubigkeit!

Zweite Erlaubnis

Bereiten Sie sich auf die Anwendungen gut vor. Fühlen Sie sich in verschiedene (weiter unten beschriebene) Möglichkeiten ein, womit Sie sich am wohlsten fühlen. Lassen Sie sich Zeit und gestalten Sie einen Raum, eine Zimmerecke oder einen Kraftplatz draußen in der Natur, wo Sie ungestört sind, wo Sie ganz Ihre Phantasie zulassen können. Es gibt hierfür keine Regeln. Falls es Ihnen gefällt, brauchen Sie auch gar nichts Extraes zu gestalten, es genügt auch ein Strauch, ein Baum, eine Wiese, ein Fels, der Ihnen das Gefühl gibt, hier Ihre Ruhe dafür zu finden.

Finden Sie ebenfalls eine Tageszeit, in der Sie sich wohl fühlen.

Und, das Wichtigste, finden Sie eine glasklare Absicht, worum es Ihnen geht. Das sollte keine Verneinung sein, die sich auf das Leiden bezieht, sondern eine Bejahung, die sich auf den Zustand ausrichtet, wie Sie sind, wenn Sie bereits geheilt sind!

Falls erforderlich, schreiben Sie sich einen kurzgefassten Ablaufplan auf, der Ihnen zu Anfang Stütze sein kann, wie Sie das bevorstehende Wandlungsereignis inszenieren wollen. Denn um eine Zeremonie, ein Ritual geht es dabei. Es darf durchaus feierlich gestaltet sein, schließlich geht es um Ihre Neugeburt!

Dritte Erlaubnis

Führen Sie jetzt Ihre Zeremonie durch. Nicht umsonst sagen wir in geflügelten Worten, dass die Engländer eine Zeremonie um ihren Teegenuss vollziehen. Genau um eine solche Art geht es! Das darf sich auch wiederholen, zum Beispiel abends im Bett nach dem Lichtlöschen, mit dem Einnehmen eines Ätherischen Öltropfens.

Zur Zeremonie gehört auch, in sich hineinzufühlen, wie es Ihnen damit geht. Ist es angenehm, kribbelt es im Bauch, tauchen Bilder auf, Erinnerungen, oder widerstrebt Ihnen die angenommene Kraft. Denn, es gehört auch Kraft dazu, „nein" zu sagen, wenn Sie sich nicht wohl damit fühlen. Das ist Teil der individualisierten Anwendung aufgeführter Beispiele.

Vierte Erlaubnis

Gehen Sie gelassen mit sich um, falls es nicht gleich so läuft, wie Sie sich erhofften. Erlauben Sie sich die alten Gewohnheiten, Unsicherheiten und auch Leidensausdrücke noch eine Weile „zu gestalten". Das ist in Ordnung. Dagegen zu kämpfen, ist unsinnig.

Und erlauben Sie sich ebenfalls ganz eigene, freie Zeiträume für sich, wenn Sie die Zeremonie durchführen, d. h. sich Muße zuzugestehen. Weil das jedoch häufig im Alltag schwierig ist – wir leben nicht in Klöstern, obwohl das für solche Wandlungszeiten sinnvoll wäre und von den Krankenkassen bezahlt werden sollte, wie auch allein schon für die Zeit der Regelblutung – finden Sie banale Tagesabläufe, mit denen Sie die Zeremonie verbinden (integrieren) können. Sonst geben Sie womöglich und verständlicherweise auf, weil es Ihre Kräfte überfordert. Ruhezeiten sind gut dafür und sogar nächtliches Erwachen. Statt gegen Schlaflosigkeit zu kämpfen, „freuen" Sie sich auf IHR Ritual in dieser stillen Zeit.

Aber auch während des Frühstücks, warum nicht auf dem Klo oder während der Morgenhygiene, ist es denkbar. Seien Sie praktisch! Das wirkliche Leben ist NICHT abgehoben und verlangt es auch nicht. Jeder zusätzliche Aufwand in einem bereits angespannten Alltag lässt oft bald wieder aufgeben.

Bestärken Sie diese Zeremonie, indem Sie anschließend darüber sprechen. Das muss nicht unbedingt mit einem Menschen sein, ein Baum, eine Topfpflanze, Ihr Wellensittich ist dafür ebenso gut geeignet.

Fünfte Erlaubnis

Und bleiben Sie dran. Diese Kräfte wirken! Zwar anders als Sie es bisher gewohnt sein mögen, doch tiefgreifender als Sie es für möglich halten. Doch bedenken Sie auch, selbst nach vollzogener Heilung können Sie wieder erkranken, schlicht, weil die jetzigen gesellschaftlichen Bedingungen unausweichlich solche Störungskräfte auf uns einwirken lassen. Deshalb ist es wichtig, sich davon so weit als möglich frei zu machen bzw. diese wiederholt zu „löschen": durch Auszeiten; weitere Zeremonien, am besten in den Alltag dauerhaft integrieren; Ernährungsumstellung, Neuorientierungen, Beschäftigung mit anderen Themen und so weiter.

Konkrete Anwendungen

Hinweis: *Bitte beachten Sie Unverträglichkeiten, Allergien, Wechselwirkungen mit Medikamenten, Suchtpotenziale* und dergleichen mehr. *Auch übermäßige Mengen, siehe die Smoothie-Unsitte, becherweise und in wildem Durcheinander zu trinken, dienen uns wenig.*

Pflanzenwesen können auf ganz verschiedene Weise eingeladen werden, gemeinsam mit Ihnen Ihre Wandlung zu gestalten. Pflanzen sind lebendig, sie lockt das Neue, die Herausforderung, die Veränderung. Auch sind sie lebenslustig, und manchmal necken sie einen anfangs auch, vielleicht, um uns zu prüfen wie lauter und entschlossen wir diesmal sind. Also lernen Sie hier keine abstrakten Symbole auswendig, stellen Sie sich hingegen Ihre pflanzliche Heilerin so sinnlich wie möglich vor, seien Sie auch hierbei nicht „toternst" sondern machen Sie aus allem ein „Fest des Lebens", genießen Sie Ihre Anwendung, wie eine gute Tasse Tee. Wobei wir beim Thema dieses Kapitels angekommen wären:

- *Tee trinken und „abwarten"*

Ureuropäische Kulturen gingen von zwei fundamentalen Elementarkräften aus, Feuer und Wasser. Erde, Luft und alles andere erwuchsen aus ihnen. Die bis heute vorherrschende Anwendungsform heilsamer Kräuter folgte daraus, das Tee trinken. Früher waren es auch Bäder und Waschungen. Doch erinnern wir uns daran, wie es unsere fernen Ahnen handhabten. Sie schütteten nicht einfach den Tee als Getränk in sich hinein, sie verleibten sich das Pflanzenwesen ein, um eins mit ihm zu werden. Dafür bedarf es der vorstehend oft erwähnten Absicht; ebenso wie der Achtung vor diesem lebenden Wesen.

Diese können Sie ihm weiterhin auch durch eine besonders schöne Tasse, und einen Dankespruch schenken. Ihrer Phantasie sind dafür keine Grenzen gesetzt.

• Ein Tröpfchen in Ehren

Hinweis: Für zu Süchten Neigende, bei Alkoholabhängigkeit, für Kinder, bei einzunehmenden Medikamenten und anderen, dagegen stehende Gründen, verbietet sich selbstverständlich dieser Weg. Gleiches gilt für Rauchanwendungen usw.

Wie nahezu generell bei naturnahen Heilverfahren, kommt es nicht auf die Masse an, sondern auf die Kraftentfaltung. Dabei gilt die bekannte Regel: weniger ist mehr. Für einen Tag heißt das verallgemeinert höchstens 20 bis 40 ml über einen Zeitraum von weniger als drei, bis maximal sechs Wochen (für individuellen Einsatz entsprechend zu betrachten).

Pflanzen, die uns helfen sollen, heil zu sein, reißt man nicht einfach ab und gießt geschmacksneutralen Schnaps darauf. Ehe es soweit ist, sollten Sie sich von Ihrer Absicht leiten lassen; überlegen, was für Wesen Sie einladen möchten, es nur ernten, wenn Sie sich gut dabei fühlen. Gefühle der Abwehr sollten Sie ernst nehmen und die Pflanze stehen lassen und weitergehen, bis Sie ein besseres Empfinden haben.

Ist der Schnaps angesetzt, sachlich als Tinktur bezeichnet, und bis zu sechs Wochen im Licht gereift, steht Ihrer Wandlungszeremonie nichts mehr im Wege. Wie beschrieben, nehmen Sie das „alkoholisierte" Pflanzenwesen absichtsvoll in Ihrer selbstgestalteten Zeremonie zu sich. Rufen Sie es herbei, mit Ihren inneren Bildern, sowohl vom

Pflanzenwesen als auch von Ihrem (angestrebten) vollendeten Heilsein. Sie dürfen dazu auch eine Fotografie vor sich stellen. Was übrigens für die anderen Anwendungen ebenso gilt. Nahezu alles kann miteinander kombiniert werden. Deshalb verzichte ich im Weiteren auch darauf, Ähnliches zu wiederholen. Nun denn: „Zum Wohle!"

• *Ein irrer Duft von frischem Kraut*

Die Essenz der körperlich greifbaren Pflanzenwesen ist das ätherische Öl. Das steht wie mit einem Bein hier in unserer Alltagswirklichkeit und mit dem anderen drüben, in der unsichtbaren Welt der schöpferischen Kräfte.

Mit Essenzen können Sie die einzuladenden Kräfte auf verschiedene Weise herbei locken, beispielsweise durch Inhalieren heißer Dämpfe; durch Einreiben auf der Haut, auch mittels Massage, die durchaus ein Ihnen vertrauter Mensch vornehmen darf; durch Einträufeln in dem Mund; durch Versprühen im Raum; durch zerreiben von ätherischen Kräutern zwischen den Fingern, gleich draußen beim Wandern und daran schnuppern.

• *Gut geräuchert*

Hinweis: *Siehe „Ein Tröpfchen in Ehren"*
Auch, wenn ich jetzt Kritik auf mich ziehen kann, nicht nur Räuchern sondern selbst Rauchen ist wunderbar geeignet, heilsame Pflanzenkräfte anzuziehen. Es geht dabei um das blanke Gegenteil, als dem hastigen, zwanghaften Hinterschlucken papiergemischten Zigarettentabaks. Auch hier vollziehen Sie ein Ritual, grundsätzlich verbunden mit

bewussten Absichten. Wie Sie diese Zeremonie gestalten, ist wieder Ihnen überlassen, ob nun als eigenes Kräutergemisch in Tabakspfeifen, als Krümeln von Kraut oder Harzen auf glühenden Holzkohlen oder Drehen eigener Zigarren. Hauptsache es entspricht Ihnen und Ihrem Anliegen.

Übrigens, in früheren Zeiten wurden auch im Erzgebirge Asthmazigarren aus krampflösenden Huflattichblättern und anderen Kräutern gefertigt.

Eine rauchfreie Sonderform „genüsslicher„ Tabakanwendungen ist Schnupftabak – ja, Sie lesen richtig, auch Tabak ist ein Heilkraut, und noch mehr, wenn es genau das Pflanzenwesen ist, welches sich Ihnen entsprechend Ihres aktuellen Zustandes anbietet – , entweder als reiner Tabak oder mit verschiedenen Pflanzenaromen oder Kraut gemischt. Aber es können auch fein gemahlene tabakfreie Kräuterpulver geschnupft werden.

Und weshalb nicht auch Käse, Fisch und Fleisch entsprechend räuchern? Wobei sich wie von selbst der folgende Punkt anschließt.

• **Zum „fressen" gern haben**

Was soll ich hier schreiben, wovon Sie nicht längst wissen? Besorgen Sie sich ein Kräuterbuch über essbare Wild- oder Gartenkräuter mit Rezepturen und los geht's. Auch das Kochen kann natürlich genauso als Zeremonie gestaltet werden. Wer sowieso kocht, für den ist es perfekt. Kein Mehraufwand, und zusätzlich erhält er eine Heilbehandlung. Was wollen Sie mehr?

Wem das zu aufwändig ist, nasche gleich während eines Spaziergangs, auch im Garten und anderswo die frischen Kräuter. Doch vergessen Sie nicht, Ihre Absicht!

• *Mit Händen zu greifen*

Doch es gibt auch verschiedenste, zerstörungsfreie Möglichkeiten, Pflanzenkräfte herbeizubitten. Sie können sich an einem Baum stellen. *Über die magnetischen Wechselwirkungen habe ich im Buch bereits geschrieben.* Oder Sie halten Ihre Hände mit offenen Flächen vor eine Pflanze. Es darf durchaus Ihre Lieblingspflanze im Blumentopf sein. Fühlen Sie in Ihren Körper, Ihre Hände; wird es warm, kühl, kribbelt es, fühlen Sie Spannungen? Bewegen Sie sich sachte dabei, das kann diese Kräfte deutlicher fühlbar wirken lassen.

Auch Ihr Mund eignet sich dazu. Im Frühling, wenn die Knospen fett und voller Kraft sind, stellen Sie sich an einen erreichbaren Ast und nehmen eine Knospe in den Mund OHNE sie abzubrechen. Es kann sein, sie erleben gleich beim ersten Mal die springende Kraft dieser Jahreszeit, die Kraft eines ganzen Baumes in Ihrem Mund. Sie brauchen es ja nicht so zu machen, dass Sie gesehen werden. Mein jüngster Sohn macht das gern, am liebsten bei Kastanienknospen. Die schmecken nämlich leicht süß und im Mund kleben sie nicht, wie an den Händen.

Vorstehendes können Sie mit Fragen kombinieren, wie: *„Was hast Du für ein Geschenk für mich?"* oder *„Über was für Heilkräfte verfügst Du?"* Aber vergessen Sie nicht auch danach zu fragen, was dieses Wesen für sich selbst benötigt!

Schreiben Sie spontan auf, was Ihnen dazu einfällt oder malen Sie ein Bild oder setzen Sie sich an Ihr Musikinstrument und spielen freie Melodien. Sie werden staunen!

• *Wie gemalt und wortwörtlich genommen*

Ergänzend zu vorstehendem, malen Sie erst ein Bild von der einzuladenden Pflanzenkraft. Sie wird es vernehmen, umso intensiver Sie sich damit beschäftigen.

Gleiches gilt für Geschichten und Gedichte, für Musik und überhaupt alles, womit Sie ihre schöpferischen „Einbildungskräfte" aktivieren. Sie werden damit auf Resonanz bei den Pflanzen stoßen.

Zusammenfassung

Viele weitere Möglichkeiten sind denkbar. Eines bleibt mir dazu noch und zum wiederholten Male zu erwähnen: Bleiben Sie dran, aber machen Sie keinen Zwang daraus. Das Leben braucht die Freiheit des Spiels, der Überraschung und des Genusses ebenso, wie den Mut, Eigenes zu wagen. Darum geht es und überhaupt nicht um Perfektion.

IHRE Absicht ist es, alles andere folgt (aus) dieser!

ALLES LEBT

Der vergessene Respekt

Alles was lebt, will leben. Das klingt banal und doch ist unser alltägliches Leben vom Gegenteil geprägt: „Nur das, was uns lebendig nützt, erscheint uns des Lebens würdig." Alles andere gilt als vogelfrei. Dafür erlaube ich mir ein Beispiel aus den unsichtbaren Bereichen des mikrobiellen Lebens zu bringen, teilweise ebenfalls zu den Pflanzenwesen zählend.

Gewohnt betrachten wir Mikroorganismen bei Erkrankungen als deren Verursacher. Gedankenlos werden nicht nur „synthetische" Antibiotika genommen, auch Pflanzenkräfte sollen diese ungeliebten Keime, am besten vernichten. Abgesehen von den ideologischen Gewissheiten der Infektionslehre taucht die Frage nach dem Sinn dieses Vorgehens ebenso wenig auf, wie nach der Berechtigung.

Sind „pathogene Keime" wirklich mit einer solchen bösen Leidenschaft beseelt, die angeblich nur eins im Sinne hat, uns zu quälen bzw. gar zu töten? Aus meiner Sicht macht das schlicht keinen Sinn! Bieten wir nicht viel mehr aus unseren Schwächungen heraus, wie es Erkältungen sind, solche Freiraume, um sich schlicht darin nieder lassen zu können? Sie finden einfach günstige Lebensbedingungen und diese nehmen sie an. Wir machen es doch auch so, wenn wir einen verlassenen Strand vorfinden. Wir füllen ihn, wenn die Sonne scheint mit unseren Leibern. Anstatt diese „Keime" jedoch zu „vertreiben", ihnen den Aufenthalt bei uns ungemütlich zu machen, „erschießen" wir sie mit Antibiotikas. Was aber, wenn sie nicht nur gekommen sind, um sich bei uns „zu sonnen", sondern, wie im Falle verschiedener Kinderkrankheiten, Entwicklungsschübe zu befördern? Dann kann deren Vernichtung durchaus in der weiteren Entwicklung dieses Menschen, fatale Folgen haben. Schwäche, die noch kraftvollere „Keime" anlockt und denen wir womöglich nicht gewachsen sind. Doch auch hierbei gibt es ein aber, denn auch anderen Kräften sind wir nicht gewachsen, wenn wir uns ihnen gedankenlos ausliefern, wie zum Beispiel stundenlanges Sonnenbaden mit weißer Bürohaut. Es wird zwar versucht, die Sonne für daraus folgende Schäden verantwortlich zu machen, aber das ist plumpe Ignoranz, vielleicht aus Werbezwecken initiiert.

Dass aber auch Mikroorganismen ein Recht auf Leben haben und natürlich, wie wir auch, ihr Leben erhalten wollen, steht doch eigentlich außer Frage. Weshalb achten wir das nicht bzw. beachten es überhaupt nicht bei den üblichen Behandlungsmethoden der radikalen Vernichtung, des totalen Krieges gegen das Leben?

Gingen wir davon aus, dass alles Leben leben darf und danach strebt, es zu erhalten, ergäben sich andere Behandlungsansätze und würde offenbar, dass es NICHT die Anderen (Mikroorganismen) sind, die uns böses wollen, sondern wir selbst es sind, die uns durch unsere alltägliche Lebensweise so weit schwächen, dass selbst schwächste „Keime" krankmachendes Potenzial entwickeln können. Wohlgemerkt, nicht weil sie uns an den Kragen wollen, sondern weil wir es ihnen anbieten.

Trotzdem vernichten wir weiter, und wissen noch nicht einmal, weshalb in vielen Fällen wir von ihnen besiedelt werden. Vielleicht, um uns auf unsere Entfremdung von uns selbst bzw. aller Natur hinzuweisen? Vielleicht, um uns zu zeigen, woran wir leiden? Vielleicht um unsere stecken gebliebenen und lebensnotwendigen Wandlungen voranzutreiben? Vielleicht, um uns zu reinigen? Obwohl wir vieles nicht wissen, vernichten wir sie trotzdem radikal – oder versuchen es zumindest. Erkennen Sie die gesellschaftlichen Zusammenhänge auf allen Ebenen? Auch „feindliche" Menschen und Regenwälder vernichten wir, und mit letzteren unzählige Arten von Lebewesen, über die wir niemals mehr etwas erfahren werden!

Es sei erinnert: Allein unser, für unser eigener gehaltener Körper besteht nach jetzigem Wissen aus ungefähr Zwei Kilogramm anderen, kleinen Lebewesen. Womöglich ist es noch viel mehr. Mehr, als unser Gehirn an Masse ausmacht! Wäre da nicht ein wenig mehr an Kooperationsbereitschaft angezeigt – und auch Dankbarkeit für all das Bekannte und noch viel mehr Unbekannte, was anderes Leben auch für uns ermöglicht?

Ohne Schwarzmalerei zu betreiben, wenn im Jahre 2017 im Vergleich zu anfang der 1970er Jahre, nachweislich mindestens 75 Prozent aller flugfähigen Insekten verschwunden sind (festgestellt in Naturschutzgebieten!) und zwölf Millionen Vogelbrutpaare seit 2005 (15 Prozent), dann liegen hierbei keine Nebensächlichkeiten oder Kollateralschäden vor sondern zwangsläufige Ausdrücke einer grundlegend zerstörerischen Gesellschaftsform.

Ohne Übertreibung darf deshalb die Frage gestellt werden, wann und wie der biologische Kreislauf des Lebens, dessen Teil wir nach wie vor sind, reißt! Oder ist er schon?

Doch, wie können wir statt Konkurrenz und Wertvermehrung, diesem alltäglichen Krieg gegen das Leben, unsere Gesellschaftlichkeit leben? Sicherlich eine der fundamentalen Fragen unserer gegenwärtigen Zeit, die nicht in wenigen Worten zu beantworten ist, weil die Lösung nicht nur in der Beseitigung des jetzigen Sachzwangs von Lohnarbeit, Warenproduktion, Konsum und so weiter liegt, sondern das, was an menschlicher Lebensweise danach kommen soll, kann ja nur in einem praktischen Aneignungs-, Lern- und Gestaltungsprozess vonstatten gehen, der andauernd anhand der praktischen Erfahrungen aufs Neue justierend vorzunehmen ist. Ausführliche Gedanken dazu finden Sie in meinem Buch „Reif für den Narrensprung".

DANK

Danken, heißt etwas zu vollenden. Mit dem Dank bleibt nichts mehr zu tun. Auch hier soll es so sein. Nur, wie kann ich allen danken, denen ich möchte; in dem Wissen, gewiss jemanden zu vergessen? Mir scheint es unmöglich zu sein. Doch will ich nicht kneifen und bitte im voraus um Nachsicht.

Mein Dank gilt Euch allen, meinen Eltern, meiner Frau Susann (und strengste Korrektorin, deren Mühe, sich durch meine wild gehämmerten Texte hindurchzufressen, ich gar nicht hoch genug würdigen kann) und meinen Kindern. Meinen Freunden, Bekannten und auch wohl leider vorhandenen Gegnern! Ich danke der Sonne, dem Himmel, dem Wald und allen Tieren. Mein Dank gilt dem Kreischen der Kreissäge im Nachbargarten, die mich lehrte, wie wertvoll Stille beim Schreiben ist!

Mich drängt es zu danken, allen Menschen, die vor mir kamen und auch denen, die aus der Zukunft heraus mir zuflüstern, auch wir dürfen sein. Auch danke ich den unbekannten Kräften aus anderen Ebenen des Seins, ebenso wie erlittenen Verletzungen, aus denen sich überraschend manch Weisheit ergab.

Und ich danke meinem Rücken als ich seinen Schmerz vom Sitzen überhörte, meinen trockenen Lippen, als sie dürsteten, meinen Augen, die ich zwang offen zu bleiben, obwohl sie bereits schwer wurden und meiner Seele, weil sie mich dabei unterstütze, es trotzdem durchzuziehen.

Zuletzt gilt mein Dank dem Stuhl, der mich trug und dem Bett, welches mich jeder Zeit empfing, mir Geborgenheit in Stille zu schenken und zuallerletzt danke ich all denen, die ich leider wohl doch vergessenen habe bzw. im Moment des Schreibens nicht gedachte!

ALLERKURZES NACHWORT
So ein Buch wird nie fertig

Es kann gar nicht fertig werden, weil das Leben selbst nie fertig wird, meines auch nicht. Auf diese Weise könnte ich nun anfangen, es wieder und wieder zu ergänzen und zu erweitern, zu kritisieren und neu zu schreiben und zu tüfteln und zu feilen, ich lasse es sein. Es ist gut, wie es ist, es ist geboren und damit bin ich neu geboren und würde kein zweites an dieser Stelle genau so gebären können. Es ist gut und so soll es sein und so erlaube ich es, so wie es ist.

Hendrik Heidler

Unser weiteres Buchprogramm sowie sachdienliche Hinweise, Diskussionsbeiträge und Terminabsprachen über:

TraumzeitPraxis
SUSANN UND HENDRIK HEIDLER
Schamanisch-energetisches Heilen – *menschlich individuell*

Lehmannstraße 3, D-09481 Scheibenberg
Tel. 037349 8807, Mobil 0174 3255911
info@traumzeitpraxis.de, www.traumzeitpraxis.de